8ᵉ Q
1938.
(1893)

RÉPUBLIQUE FRANÇAISE

LIBERTÉ — ÉGALITÉ — FRATERNITÉ

VILLE DE PARIS

MAIRIE DU XIXᵉ ARRONDISSEMENT

Place Armand-Carrel

I0103198

CATALOGUE

DE LA

BIBLIOTHÈQUE MUNICIPALE

DE

PRÊT GRATUIT A DOMICILE

PARIS

IMPRIMERIE NOUVELLE (ASSOCIATION OUVRIÈRE)

11, RUE CADET, 11

1893

RÈGLEMENT

POUR LE PRÊT DES LIVRES AUX PERSONNES DES DEUX SEXES

ARTICLE Ier. — Pour être admis à recevoir des livres en prêt, il faut :

1° Etre âgé de 16 ans au moins ;

2° Justifier de son domicile dans le XIXe arrondissement.

ART. II. — Toute personne autorisée à recevoir des livres en prêt sera munie d'un livret fourni gratuitement par la Mairie et sur lequel seront inscrits par le bibliothécaire :

1° Le numéro du volume prêté ;

2° L'indication et l'état du volume ;

3° La date du prêt ;

4° La date de la rentrée.

Ce livret est nominatif et ne peut servir qu'à une seule personne.

ART. III. — **Les prêts seront faits à la Bibliothèque tous les soirs de la semaine, de 8 heures à 10 heures et le dimanche, de 9 heures à 11 heures du matin.**

ART. IV. — Les ouvrages destinés au prêt à domicile porteront une estampille spéciale.

ART. V. — Il ne sera prêté qu'un volume à la fois.

ART. VI. — Aucun volume ne pourra être conservé plus de quinze jours, sans avoir été représenté. Au delà de ce terme, la restitution du volume sera d'abord réclamée par lettre, puis poursuivie par les voies de droit, aux frais du retardataire.

ART. VII. — **Les personnes qui auront détérioré ou perdu des livres devront en rembourser la valeur.**

ART. VIII. — En cas de changement de domicile, le lecteur devra toujours faire connaître sa nouvelle adresse.

ART. IX. — Tout lecteur inscrit sera considéré comme ayant adhéré au présent règlement.

RÉPUBLIQUE FRANÇAISE

LIBERTÉ — ÉGALITÉ — FRATERNITÉ

VILLE DE PARIS

MAIRIE DU XIXᵉ ARRONDISSEMENT

Place Armand-Carrel

CATALOGUE

DE LA

BIBLIOTHÈQUE MUNICIPALE

DE

PRÊT GRATUIT A DOMICILE

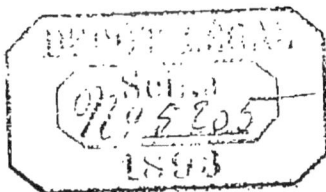

PARIS

IMPRIMERIE NOUVELLE (ASSOCIATION OUVRIÈRE)

11, RUE CADET, 11

1893

8° Q

1938 (1893)

DIVISION DU CATALOGUE

I

SOCIOLOGIE — PHILOSOPHIE MORALE

1577 **Descartes**. — Discours sur la méthode.

1545 **Diderot**. — Mélanges philosophiques.

3914 **Dreyfus** (F.-Camille).— L'Évolution des mondes et des sociétés.

1500 **Duclos**. — Considérations sur les mœurs.

3385 **Dumas** fils (A.). — La Question du divorce.

1478 **Dupuis**. — Abrégé de l'Origine des cultes. 3 vol.

3870 **Duval** (Mathias). — Le Darwinisme.

3497 **Enfantin** et **Saint-Simon**.— OEuvres (Vie éternelle).

1518 **Epictète**. — Maximes.

 164 **Esquiros**. — L'Émile du xixᵉ siècle.

1564 **Fénelon**. — De l'Éducation des filles.

2746 — Traité de l'existence de Dieu.

2757 **Feuchersleben** (baron de).—Hygiène de l'âme.

3535 **Fraisse** (E.-A.). — Notes.

2483 **Franc**. — La Morale pour tous.

 142 **Franklin** (Benjamin). — Essais de morale et d'économie politique.

1989 **Frary** (Raoul). — Le Péril national.

 129 **Gasparin** (de). — La Conscience.

 128 — La Liberté morale. 2 vol.

2796 **Gavet** (N.). — Récits moraux.

3874 **Gendre** (Mᵐᵉ Barbe). — Études sociales, philosophiques et morales.

2530 **Gérando** (de). — Morale pratique.

1375 **Gréard** (Octave). — L'Éducation des femmes par les femmes.

1895 — De la Morale de Plutarque.

2512 **Hoëfer**.— L'Homme devant ses œuvres.

2657 **Janet** (Paul). — Éléments de morale.

2718 — La Famille.

2713 — Philosophie du bonheur.

 815 — Philosophie de la Révolution française.

2829 **Jolly** (Dʳ Paul). — Hygiène morale.

3085 **Joly** (Henri). — L'Imagination.

1386 **Jouffroy** (Th.).— Mélanges philosophiques.

1387 — Nouveaux Mélanges philosophiques.

2121 **Labesse**. — La Morale, l'Église et l'Etat.

1501 **La Boétie** (E. de). — Discours sur la servitude volontaire.

1966 **Lamennais** (F.). — De l'Art et du Beau.

1540 **Lamennais** (F.). — Le Livre du peuple.

1583 — Paroles d'un croyant.

1532 — Du Passé et de l'Avenir du peuple.

1537 **La Rochefoucauld.** — Maximes et Réflexions morales.

3748 **Laveleye** (Émile de). — Le Socialisme contemporain.

3710 **Lefèvre** (André). — La Philosophie.

136 **Legouvé** (Ernest). — Histoire morale des femmes.

4189 **Leroy-Beaulieu** (Anatole). — Israël chez les nations.

3871 **Letourneau** (Ch.). — L'Évolution de la morale

3712 — La Sociologie.

4196 **Littré** et **Comte.** — Principes de philosophie positive.

2624 **Lock** (F.) et **Couly** (J.). — La Vertu en actions.

2789 **Loubens** (Émile). — Manuel de morale pratique.

1539 **Mably.** — Droits et Devoirs du citoyen.

1573 — Entretiens de Phocion.

1520 **Machiavel.** — Le Prince.

1840 **Maistre** (Joseph de). — Du Pape.

3091 **Margollé** et **Zurcher.** — L'Énergie morale.

2625 **Martin** et **Quitard.** — La Morale en actions.

1848 **Ménard** (Louis). — Du Polythéisme hellénique

3605 **Moleschott** (J.). — La Circulation de la vie.

1805 **Montaigne.** — Essais. 2 vol.

811 **Muller** (E.). — La Morale en actions par l'histoire.

2771 **Nantua** (Simon de). — Écrits populaires de Franklin.

3824 **Nordau** (Max). — Les Mensonges conventionnels de notre civilisation.

1462 **Pascal** (Blaise). — Lettres provinciales.

1366 — Pensées.

1856 — Pensées choisies.

382 **Pelletan** (Eugène). — Profession de foi du XIXᵉ siècle.

2389 **Pompéry** (Édouard de). — La Femme dans l'humanité.

345 **Quinet** (Edgar). — La Création. 2 vol.

2466 — L'Esprit nouveau.

1750 — La République.

2625 **Quitard** et **Martin.** — La Morale en actions.

1364 **Ralud-Martynic** (A.). — Le Livre de la France ou l'Exaltation au patriotisme.

1785 **Raymond** (Emmeline). — Éducation et Morale pour tous les âges.

3616 **Ribot** (Th.). Les Maladies de la volonté.

1444 **Rousseau** (J.-J.). — Émile ou de l'Éducation. 4 vol.

1574 — De l'Inégalité parmi les hommes.

1855 **Rousselot.** — Le Petit Livre de l'homme et du citoyen.

884 **Rozan** (Charles). — La Bonté.

2002 — La Jeune Fille.

2001 — Le Jeune Homme.

3497 **Saint-Simon** et **Enfantin.** — OEuvres (Vie éternelle).

3746 **Schmidt.** — Descendance et Darwinisme.

3636 **Sénèque.** — OEuvres complètes. 2 vol.

123 **Simon** (Jules). — Le Devoir.

249 — Liberté de conscience.

120 — Le Livre du petit citoyen.

3747 **Spencer** (Herbert). — Introduction à la Science sociale.

1230 **Stendahl.** — De l'Amour.

3606 **Stuart-Mill** (J.). — L'Utilitarisme.

4218 **Taine** (H.). — Les Philosophes classiques au XIXe siècle.

3869 **Thulié** (H.). — La Femme.

2907 **Tolstoï** (comte Léon). — Ma Religion.

1924 **Vacherot** (Étienne). — La Démocratie.

1507 **Vauvenargues.** — OEuvres choisies.

2941 **Viguier.** — Catéchisme national.

1468 **Volney.** — Les Ruines. — La Loi naturelle. 2 vol.

1461 **Voltaire.** — Traité sur la tolérance. 2 vol.

3091 **Zurcher** et **Margollé.** — L'Énergie morale.

1365 *** Des Allemands, par un Français.

II

ÉCONOMIE POLITIQUE ET SOCIALE
LÉGISLATION — ADMINISTRATION

4169 **Grélot** (Félix). — La Loi du 5 avril 1884 sur l'organisation municipale.

3534 **Guichard** (Victor). — Conférences sur le Code civil.

3939 **Guignard** (Alfred). — De la Suppression des octrois et de leur Remplacement.|

3711 **Guyot** (Yves). — La Science économique.

2794 **Henrique** (Louis). — Code du réserviste et du territorial.

115 **Hippeau** (Mᵐᵉ Eugénie). — Cours d'économie domestique.

3893 **Joanne-Magdelaine**. — La Question cléricale et les 550 Millions annuels du clergé.

3941 **Jourdan** (Gustave). — Législation sur les logements insalubres.

4096 — Pouvoirs des maires en matière de salubrité des habitations.

649 **Jouvencel** (Paul de). — Aide-Mémoire du partisan franc-tireur.

256 **Karcher**. — Étude sur les institutions politiques et sociales de l'Angleterre.

3829 **Karl Marx**. — Le Capital.

1925 **Kératry** (comte E. de). — La Créance Jecker.

2008 **Lacroix** (Désiré) et **Vexiau**. — Aide-Mémoire des réservistes et territoriaux.

2113 **Lacroix** (J.-A.). — Du Rétablissement des tours.

2097 **Le Berquier** (Jules). — Administration du département de la Seine.

3929 **Lecerf** (Z.). — Code-Manuel des contraventions de grande voirie et de domaine public.

3938 **Lechopié** (Alfred) et **Floquet** (Dʳ Ch.). — Droit médical ou Code des médecins.

3242 **Lelioux** (Armand). — Promenades au palais.

4168 **Le Mansois-Duprey** (M.). — L'Œuvre sociale de la municipalité parisienne (1871-1891).

3493 **Leneveux**. — Le Budget du foyer.

3896 **Le Pelletier** (Émile). — Manuel des vices rédhibitoires des animaux domestiques.

3033 **Leroy-Beaulieu**. — De la Colonisation chez les peuples modernes.

1849 — La Question ouvrière au XIXᵉ siècle.

4089 — (Paul). — Précis d'économie politique.

3593 **Montesquieu.** — Esprit des lois.

1360 **Montgomery - Stuart.** — Histoire du libre échange en Toscane.

3916 **Morin** (Célestin). — De l'Alignement ou Régime des propriétés privées, bordant le domaine public.

2827 **Moureau** (Jules). — Le Salaire et les Associations coopératives.

4099 **Muel** (Léon). — Gouvernements, Ministères et Constitutions de la France.

2469 **Noël** (Octave). — Autour du foyer.

1715 — Étude historique sur l'organisation financière de la France.

2698 **Paris** (comte de). — Les Associations ouvrières en Angleterre.

1894 **Passy** (Frédéric). — Les Machines et leur Influence sur le développement de l'humanité.

353 **Pelletan** (Eugène). — Les Droits de l'homme.

1391 **Pellot** (A.). — Leçons manuscrites de droit public administratif.

3881 **Pendrié** (H.). — Nos Chemins de fer et leur Réforme radicale.

212 **Perissat** (Paul). — Cours de droit commercial.

1729 **Prat** (Ernest). — Droit civil et commercial.

3731 **Prat** (J.-G.). — La Constitution de 1793.

1937 **Proudhon.** — La Guerre et la Paix. 2 vol.

3773 **Regnard** (A.). — L'État, ses Origines, sa Nature et son But.

2270 **Sand** (George). — Questions politiques et sociales.

2285 **Sarcey** (Francisque). — Les Odeurs de Paris.

1946 **Sauvestre** (Charles). — Mes Lundis.

2004 — Une Visite à Mettray.

1950 **Seinguerlet** (Eugène). — Les Banques du peuple en Allemagne.

2699 **Siegfried** (Jules). — La Misère.

125 **Simon** (Jules). — L'Ouvrier de huit ans.

122 — L'Ouvrière.

119 — Le Travail.

3946 **Sourdillon** (Louis). — L'Autonomie communale à Paris.

III

GÉOGRAPHIE — VOYAGES

325 **Bellot**. — Voyages aux mers polaires.

802 **Berchère**. — Le Désert de Suez.

853 **Biart** (Lucien). — A travers l'Amérique.

4000 — Mes Promenades à travers l'Exposition.

3930 **Biolley** (Paul). — Costa-Rica et son Avenir.

787 **Bishop**. — Voyage en canot de papier.

4080 **Blairat** (Eugène). — Tunis en 1891.

2562 **Blerzy** (H.). — Les Colonies anglaises.

1885 — Torrents, Fleuves et Canaux de la France.

534 **Bombonnel**. — Mes Chasses.

2320 **Bonnefout** (Louis). — Atlas de géographie ancienne.

3003 **Bougy** (Alfred de). — Le Tour du Léman.

3020 **Bouinais** et **Paulus**. — La Cochinchine contemporaine.

3547 **Bourde** (Paul). — A travers l'Algérie.

3560 — De Paris au Tonkin.

4156 **Bourgade la Dardye** (E. de). — Le Paraguay.

4104 **Bovet** (M.-A. de). — Trois Mois en Irlande.

3682 **Brau de Saint-Pol-Lias**. — De France à Sumatra.

3662 **Brosselard** (Henri). — Voyage de la mission Flatters.

1383 **Brosses** (de). — Le Président de Brosses en Italie. 2 vol.

1817 **Brouard** (E.). — Leçons de géographie.

2458 **Burnaby**. — Une Visite à Khiva.

2669 **Campe**. — Histoire de la découverte de l'Amérique.

2465 **Capus** (Guillaume). — Le Toit du monde : Pamir.

3765 **Cat** (Edouard). — Les Grandes Découvertes maritimes du XIIIᵉ au XVIᵉ siècle.

3766 — Découvertes et Explorations du XVIIᵉ au XIXᵉ siècle.

2414 **Catlin** (G.). — La Vie chez les Indiens.

2408 **Cavrois** et **Duhem**. — En canot de Douai au Helder.

788 **Chaillier-Long** (colonel). — L'Afrique centrale.

4145 **Chalamet** (Antoine). — Les Français au Canada.

1536 **Chapelle** et **Bachaumont**. — Voyages amusants.

3820 **Daryl** (Philippe). — Le Monde chinois.

2439 **Daumas** (général). — Le Grand Désert.

2922 **Deléage** (Paul). — Trois mois chez les Zoulous.

2790 **Denis** (Ferdinand). — Le Brahme voyageur.

3699 **Denis de Rivoyre**. — Mer Rouge et Abyssinie.

3698 — Obock, Mascate, Bouchire, Bassorah.

3697 — Les Vrais Arabes et leur Pays.

3665 **Depping** (G.). — Le Japon.

2571 **Desbarolles**. — Deux Artistes en Espagne.

2721 **Deschanel** (Emile). — Christophe Colomb et Vasco de Gama.

2926 **Detré**. — Voyage humoristique en Suisse.

2731 **Deville** (Louis). — Excursions dans l'Inde.

3079 **Dick de Lonlay**. — En Tunisie.

327 **Dixon**. — La Nouvelle Amérique.

2339 — La Suisse contemporaine.

342 **Domenech** (l'abbé). — Journal d'un missionnaire.

19 **Dubois** (L.). — Le Pôle et l'Équateur. 2 vol.

2556 **Dubon** et **Lacroix**. — Atlas de géographie.

1955 **Dubosch**. — La Chine contemporaine. 2 vol.

2722 **Dufour** (E.-L.). — Les Grimpeurs des Alpes.

2408 **Duhem** et **Cavrois**. — En canot de Douai au Helder.

3279 **Dumas** (Alexandre). — Les Baleiniers. 2 vol.

3364 — Impressions de voyage : une Année à Florence.

3329 — — L'Arabie heureuse. 3 vol.

547 — — Les Bords du Rhin. 2 vol.

3361 — — Le Capitaine Aréna.

542 — — Le Caucase. 3 vol.

3362 — — Le Corricolo. 2 vol.

545 — — Le Midi de la France. 2 vol.

3363 — — De Paris à Cadix. 2 vol.

3365 — — Quinze Jours au Sinaï.

3360 — — En Russie. 4 vol.

3366 — — Le Speronare. 2 vol.

539 — — Suisse. 3 vol.

3359 — — Le Véloce. 2 vol.

3358 — — La Villa Palmiéri.

3253 — — La Vie au désert. 2 vol.

2432 **Dumont** (Albert). — Le Balkan et l'Adriatique.

2406 **Dumont d'Urville**. — Voyage autour du Monde sur *l'Astrolabe*.

4026 **Dumoutier** (G.). — Les Symboles, les Emblèmes et les Accessoires du culte chez les Annamites.

1320 **Durier** (Charles). — Le Mont Blanc.

2463 **Dutreuil de Rhins**. — Le Royaume d'Annam.

3034 **Duval** (Jules). — Les Colonies et la Politique coloniale de la France.

2459 **Ernouf** (baron). — Le Caucase, la Perse et la Turquie d'Asie.

2540 **Feuilleret** (Henri). — Mungo Park, sa Vie et ses Voyages.

2524 — Voyage à la recherche de sir John Francklin.

3477 **Figuier** (Mme). — L'Italie d'après nature.

1988 **Foncin** (P.). — Géographie préparatoire.

3468 **Fontpertuis** (de). — Chine, Japon, etc.

1961 — Les États de l'Atlantique.

102 — Les États du Pacifique.

2820 **Fournel** (V.). — Promenade d'un touriste.

2821 — Vacances d'un journaliste.

1990 **Fromentin** (Eugène). — Une Année dans le Sahara.

785 — Un Eté dans le Sahara

2450 — Une Année dans le Sahel.

2535 **Fribourg** (Paul). — La Suisse pittoresque.

3032 **Gaffarel** (Paul). — Les Colonies françaises.

3767 — Les Explorations françaises depuis 1870.

4084 — Le Sénégal et le Soudan français.

3797 **Garneray** (Louis). — Voyages : Batavia, Ile-de-France, Calcutta, etc. 2 vol.

2451 **Garnier** (J.). — La Nouvelle-Calédonie.

2664 **Gasquet** (Amédée). — Cours de géographie générale.

2605 **Gautier** (Judith). — Les Peuples étranges.

3756 **Gautier** (Théophile). — Constantinople.

1369 — Italia.

3757 — Voyage en Espagne.

3755 — Voyage en Russie.

2284 **Génin** (E.). — Madagascar.

2688 **Gérard** (Jules). — La Chasse au lion.

510 — Le Tueur de lions.

343 — Voyages et Chasses dans l'Himalaya.

3553 **Gérard de Nerval.** — Voyage en Orient. 2 vol.

1952 **Géraud** (Léon). — Les Étapes d'un chasseur à pied.

2331 **Girardin** (J.). — Voyages et Découvertes, d'après Washington Irving.

2443 **Goblet d'Alvilla** (Cte). — Inde et Himalaya.

2454 — Sahara et Laponie.

2118 **Goumain-Cornille.** — La Savoie, le Mont-Cenis et l'Italie septentrionale.

3668 **Gourdault** (Jules). — L'Homme blanc au pays des noirs.

3442 — L'Italie pittoresque.

3443 — La Suisse pittoresque.

3586 **Graffigny** (H. de). — Récits d'un aéronaute.

893 **Gréhan** (Amédée). — Le Royaume de Siam.

4149 **Grenville-Murray** (E.-C.). — Les Russes chez les Russes.

3494 **Grove.** — Océans et Continents.

3948 **Guimet** (Émile). — Croquis égyptiens.

3949 — L'Orient d'Europe au fusain.

4111 **Harry** (Alis). — A la Conquête du Tchad.

1995 **Havard** (Henry). — La Hollande pittoresque.

786 — Voyage aux villes mortes du Zuyderzée.

339 **Hayes.** — La Mer libre du pôle.

49 **Hervé et de Lanoye.** — Voyages dans les glaces du pôle arctique.

2427 **Hommaire de Hell** (Mme). — Les Steppes de la mer Caspienne.

797 **Hübner** (baron de). — Promenades autour du monde. 2 vol.

1640 **Hugo** (Victor). — Le Rhin. 3 vol.

2533 **Irving** (Washington). — Un Tour dans les prairies de l'Ouest des États-Unis.

2526 — Voyages et Découvertes des compagnons de Colomb.

2873 **Jacolliot** (Louis). — Voyage au pays des brahmes.

2878 — Voyage au pays des éléphants.

3787 — Voyage au pays des fakirs charmeurs.

3788 **Jacolliot** (Louis). — Voyage au pays du hat-
  chisch.
2877 — Voyage au pays des perles.
2875 — Voyage au pays des singes.
329 — Voyage aux rives du Niger.
2876 — Voyage aux ruines de Golconde.
3074 **Jeannest** (Ch.). — Quatre Années au Congo.
3989 **Joanne** (Paul). — Bretagne.
3988 — Environs de Paris.
700 — Géographie : Ain.
701 —   —   Aisne.
702 —   —   Algérie.
703 **Joanne**. — Géographie. Allier.
704 —   —   Alpes (Basses-).
705 —   —   Alpes (Hautes-).
706 —   —   Alpes-Maritimes
707 —   —   Ardèche.
708 —   —   Ardennes.
709 —   —   Ariège.
710 —   —   Aube.
711 —   —   Aude.
712 —   —   Aveyron.
713 —   —   Belfort.
714 —   —   Bouches-du-Rhône.
715 —   —   Calvados.
716 —   —   Cantal.
717 —   —   Charente.
718 —   —   Charente-Inférieure.
719 —   —   Cher.
720 —   —   Corrèze.
721 —   —   Corse.
722 —   —   Côte-d'Or.
723 —   —   Côtes-du-Nord.
724 —   —   Creuse.
725 —   —   Dordogne.
726 —   —   Doubs.
727 —   —   Drôme.
728 —   —   Eure.
729 —   —   Eure-et-Loir.
730 —   —   Finistère.
731 —   —   Gard.
732 —   —   Garonne (Haute-).

733 **Joanne.** — Géographie. Gers.
734   —   —   Gironde.
735   —   —   Hérault.
736   —   —   Ille-et-Vilaine.
737   —   —   Indre.
958   —   —   Indre-et-Loire.
959   —   —   Isère.
960   —   —   Jura.
961   —   —   Landes.
962   —   —   Loir-et-Cher.
963   —   —   Loire.
964   —   —   Loire (Haute-).
965   —   —   Loire-Inférieure.
966   —   —   Loiret.
967   —   —   Lot.
968   —   —   Lot-et-Garonne.
969   —   —   Lozère.
970   —   —   Maine-et-Loire.
971   —   —   Manche.
972   —   —   Marne.
973   —   —   Marne (Haute-).
974   —   —   Mayenne.
975   —   —   Meurthe-et-Moselle.
976   —   —   Meuse.
977   —   —   Morbihan.
978   —   —   Nièvre.
979   —   —   Nord.
980   —   —   Oise.
981   —   —   Orne.
982   —   —   Pas-de-Calais
983   —   —   Puy-de-Dôme).
984   —   —   Pyrénées (Basses-).
985   —   —   Pyrénées (Hautes-).
986   —   —   Pyrénées-Orientales.
987   —   —   Rhône.
988   —   —   Saône (Haute-).
989   —   —   Saône-et-Loire.
990   —   —   Sarthe.
991   —   —   Savoie.
992   —   —   Savoie (Haute-).
993   —   —   Seine.
994   —   —   Seine-et-Marne.

995 **Joanne.** — Géographie. Seine-et-Oise.
996 — — Seine-Inférieure.
997 — — Sèvres (Deux-).
998 — — Somme.
999 — — Tarn.
1000 — — Tarn-et-Garonne.
1001 — — Var.
1002 — — Vaucluse.
1003 — — Vendée.
1004 — — Vienne.
1005 — — Vienne (Haute-).
1006 — — Vosges.
1007 — — Yonne.
3990 — — Normandie.
3987 — — Paris.
2413 **Jonhson.** — Dans l'Extrême Far-West.
2534 **Jonveaux** (Émile). — Deux Ans dans l'Afrique orientale.
2400 **Karazine.** — Le Pays où l'on se battra.
2401 — Scènes de la vie terrible dans l'Asie centrale.
2402 **Kingston.** — Aventures périlleuses chez les Peaux-Rouges.
1023 **Kleine** (Émile). — Les Richesses de l'Europe.
1022 — Les Richesses de la France.
1753 **Kœchlin-Schwartz.** — Un Touriste au Caucase.
535 **Laboulaye** (E. de). — Paris en Amérique.
2556 **Lacroix** et **Dubon.** — Atlas de géographie.
3008 **Lafond** (G.). — Voyages autour du monde. 5 vol.
2012 **Lamartine** (A. de). — Voyages en Orient. 2 vol
2736 **Landelle** (G. de la). — Mœurs maritimes.
2566 **Lanessan** (J.-L. de). — La Tunisie.
3750 **Lanier.** — L'Afrique.
3467 — L'Amérique.
3749 — L'Europe.
938 **Lanoye** (de). — La Mer polaire.
341 — Le Nil.
335 — La Sibérie.
49 **Lanoye** (de) et **Hervé.** — Voyages dans les glaces du pôle arctique.

2340 **Laugel** (Auguste). — Les États-Unis pendant la guerre.

3550 **Lavallée** (Théophile). — Géographie physique, historique et militaire.

2709 **Lavollée** (Ch.). — La Chine contemporaine.

2527 **Lebrun** (Henri). — Aventures et Conquêtes de Fernand Cortez au Mexique.

2693 — Voyages et Aventures du capitaine Cook.

3669 **Le Chartier** (H.). — La Nouvelle-Calédonie.

2461 **Leclercq** (Jules). — Un Été en Amérique.

2547 — Voyages dans le Nord de l'Europe.

1370 **Lecomte** (Jules). — Voyages çà et là.

2528 **Le Gall** (Olivier). — La Duchesse Anne : Histoire d'une frégate.

2468 **Lemay** (Gaston). — A bord de *la Junon*.

1957 **Lemire** (Charles). — Cochinchine française et Royaume de Cambodge.

3483 **Lemonnier.** — L'Algérie.

2404 **Léouzon Le Duc.** — Vingt-neuf Ans sous l'étoile polaire : l'Ours du Nord.

2405 — Vingt-neuf Ans sous l'étoile polaire : le Renne.

3108 **Lesbazeilles.** — Les Merveilles du monde polaire.

319 **Levasseur** (E.). — L'Étude et l'Enseignement de la géographie.

321 — L'Europe, moins la France.

1832 — Géographie de la France et de ses Colonies.

2654 — Premières Notions sur la géographie.

322 — La Terre, moins l'Europe.

324 **Livingstone** (David et Charles). — Exploration dans l'intérieur de l'Afrique australe.

4180 **Loti** (Pierre). — Au Maroc.

2714 — Propos d'exil.

2430 **Louis-Lande.** — Basques et Navarrais.

871 **Mackensie-Wallace.** — La Russie. 2 vol.

3541 **Macrac** (David). — Les Américains chez eux.

332 **Mage.** — Voyage dans le Soudan occidental.

1020 **Malte-Brun.** — Les Jeunes Voyageurs en France. 2 vol.

3696 **Mandat-Grancey**. — Dans les montagnes Ro-
cheuses.

2539 **Marmier** (Xavier). — Les États-Unis et le
Canada.

2803 — Lettres sur la Russie, la Finlande et la
Pologne.

3932 **Martin** (Alexis). — Promenades dans les vingt
arrondissements de Paris.

323 **Maury**. — Géographie physique.

803 — Le Monde où nous vivons.

945 **Mayne Reid**. — Les Peuples étranges.

622 — Les Veillées de chasse.

2457 **Meignan**. — Aux Antilles.

2456 — De Paris à Pékin par terre.

2470 **Mellion** (Adrien). — Le Désert.

2752 **Mény** (Victor). — Quatre Mois en Orient.

870 **Meunier** (Mᵐᵉ Hippᵗᵉ). — Entretiens familiers
sur la géographie industrielle de la France

4119 **Millet** (René) — Souvenirs des Balkans.

2416 **Milton** (Vᵗᵉ) et **Chealde** (Dʳ). — Voyage de l'Atlantique au Pacifique.

2474 **Montégut**. — En Bourbonnais et en Forez.

1371 — Les Pays-Bas.

2424 **Mouhot**. — Voyage à Siam.

2694 **Moüy** (Charles de). — Lettres du Bosphore.

807 **Muller** (Eugène). — Un Français en Sibérie.

2390 **Nares** (capitaine). — Expédition au pôle nord
(1875-1876).

3587 **Neukomm** (Edmond). — Les Étapes d'un ba-
taillon scolaire.

3454 **Niel** (O.). — Géographie de l'Algérie. 2 vol.

2407 **Nordenskiold**. — Lettres racontant ses expé-
ditions au pôle nord.

2561 **Ott** (A.). — L'Asie occidentale et l'Egypte.

2740 — L'Inde et la Chine.

2370 **Palgrave**. — Une Année dans l'Arabie centrale.

3030 **Paulus** et **Bouinais**. — La Cochinchine contemporaine.

2334 **Payer** (J.). — La Terre de François-Joseph.

3025 **Pays** (A.-J. du). — La Hollande, guide diamant.

2321 **Peiffer**. — Légende territoriale de la France.

3764 **Petit** (Maxime). — Les Pays scandinaves.

2475 **Pfeiffer** (Ida). — Voyage à Madagascar.

630 — Voyage d'une femme autour du monde.

2642 **Pigeonneau**. — Géographie commerciale de la France.

2652 — Géographie commerciale des cinq parties du monde.

2453 **Piron** (H.). — L'Ile de Cuba.

2720 **Plauchut** (Edmond). — Les Armées de la civilisation.

2536 **Poitou** (Eugène). — Souvenirs d'Espagne.

3768 **Postel** (Raoul). — L'Extrême-Orient.

2807 **Puget** (Mlle R. du). — Abrégé des Voyages de Mlle Bremer.

1882 **Quinet** (Edgar). — Mes Vacances en Espagne.

2462 **Raffrey**. — Abyssinie.

954 **Raffy**. — Lectures géographiques : Amérique et Océanie.

955 — Lectures géographiques : Asie et Afrique.

956 — — — Europe.

953 — — — France.

957 — — — Géographie générale.

4217 **Reclus** (Onésime). — La Terre à vol d'oiseau. 2 vol.

1489 **Regnard**. — Voyages.

2716 **Reinach**. — La Serbie et le Monténégro.

3002 **Révoil** (Georges). — La Vallée du Darror : Voyages au pays Çomalis.

2538 — Voyage au pays des kangourous.

2643 **Roche** (Antonin). — Géographie physique de la France.

2816 **Sachot** (Oct.). — Aventures, Types et Croquis.

337 — La France et l'Empire des Indes.

338 — Les Grandes Cités de l'Ouest américain.

2830 — L'Ile de Ceylan.

336 — Nègres et Papous.

2675 — Pays d'extrême-Orient.

326 — La Sibérie orientale.

2259 **Sand** (George). — Journal d'un voyageur.

3170 — Journal d'un voyageur pendant la guerre.

3401 — Lettres d'un voyageur.

3402 — Nouvelles Lettres d'un voyageur.

521 **Sand** (Maurice). — Six mille Lieues à toute vapeur.

2923 **Sanderval** (Olivier). — De l'Atlantique au Niger.

3069 **Scott** (Walter). — Guide en Écosse : Description et Histoire.

4016 **Sévrette** (J.). — Plages normandes.

1847 **Simonin**. — A travers les États-Unis.

1846 — Le Grand Ouest des États-Unis.

799 — Les Grands Ports de commerce de la France.

333 — Les Pays lointains.

2726 **Smiles** (Samuel). — Voyage d'un jeune garçon autour du monde.

4151 **Soleillet** (Paul). — Une Exploration commerciale en Éthiopie.

796 **Stanley**. — Comment j'ai retrouvé Livingstone.

806 — Lettres racontant ses voyages.

2725 — La Terre de servitude.

1233 **Stendahl** (de). — Mémoires d'un touriste 2 vol.

1024 **Taine** (H.). — Notes sur l'Angleterre.

4127 — Voyages en Italie. 2 vol.

328 — Voyage aux Pyrénées.

3597 **Thasenster** (Paul). — Aux États-Unis.

805 **Tissandier** (Gaston). — Histoire de mes ascensions.

3975 **Tissot** (Victor). — Les Curiosités de l'Allemagne du Nord.

4033 — Curiosités de l'Allemagne du Sud.

3799 — De Paris à Berlin.

2880 — Voyage aux pays annexés.

2879 — Voyage au pays des milliards.

3670 **Toussaint-Samson** (Mme). — Une Parisienne au Brésil.

3978 **Trivier** (E.). — Mon Voyage au continent noir.

3488 **Troulhias** (Numa). — Andrinople : Croquis d'Orient.

1376 **Ubicini** (A.). — La Turquie actuelle.

2811 **Un Marin**. — Introduction à l'étude de la géographie.

IV

HISTOIRE — BIOGRAPHIES
MÉMOIRES

3898 **Bujon** (Pierre). — Petite Histoire de Paris.

4025 **Cabanés** (Dr Aug.). — Marat inconnu.

3663 **Canivet** (Ch.). — Les Colonies perdues.

3602 **Carlyle** (Thomas). — Histoire de la Révolution française. 3 vol.

3612 **Carnot** (H.). — La Révolution française. 2 vol.

2271 **Caylus** (marquise de). — Souvenirs de la marquise de Caylus.

1556 **César.** — Commentaires.

1401 **Challamel** (Augustin). — Colbert.

3246 **Charavay** (Etienne). — L'Héroïsme civil (1789-1880).

3245 — L'Héroïsme militaire (1792-1815).

536 **Charton** (Edouard). — Histoire de trois pauvres enfants.

2656 **Chasles** (Emile). — Grands Faits de l'histoire de France.

2653 — Grands Faits de l'histoire romaine.

4167 **Chateauminois** (Mlle). — Souvenirs historiques du VIIIe arrondissement de Paris.

1906 **Chavannes de la Giraudière** (de). — L'Irlande, son Origine, son Histoire.

3982 **Cherbuliez** (Victor). — Profils étrangers.

1963 **Chodzko** (Léonard). — Histoire populaire de la Pologne.

1838 **Chotteau.** — Les Français en Amérique.

2661 **Choublier.** — Cours d'histoire de France.

3582 **Chuquet** (Arthur). — Le Général Chanzy.

3759 — La Première Invasion prussienne.

3884 — Valmy.

1975 **Clairin** (Emile). — Le Cléricalisme, de 1789 à 1870.

770 **Clamageran.** — La France républicaine.

287 **Claretie** (Jules). — Les Derniers Montagnards.

952 **Clère** (Jules). — Biographie complète des sénateurs.

2395 **Cocheris** (Hippolyte). — Précis historiques.

2741 **Combes** (Louis). — La Grèce ancienne.

1506 **Condorcet.** — Vie de Voltaire.

1861 **Cordier et Gœpp.** — Les Grands Hommes de la France : Hommes de guerre.

1860 — Les Grands Hommes de la France : Navigateurs.

311 **Corne.** — Le Cardinal Mazarin.

274 — Le Cardinal de Richelieu.

3480 **Créhange** (Gaston). — Histoire de la **Russie.**

361 **Cuvier.** — Éloges historiques.

2906 **Dalsème.** — Le Siège de Bitche.

307 **Dargaud.** — Histoire d'Elisabeth d'Angleterre.

308 — Histoire d'Olivier Cromwell.

2663 **Dauban.** — Histoire de la Grèce ancienne.

2338 **Deberle** (Alfred). — Histoire de l'Amérique du Sud.

3722 **Delon** (Ch.). Notre Capitale Paris.

3507 — Les Paysans : Histoire d'un village.

4143 **Delorme** (Amédée). — Journal d'un sous-officier (1870).

1402 **Depasse** (H.). — Carnot.

2695 **Desclozières.** — Biographie des grands inventeurs. 2 vol.

1888 **Despois** (Eugène). — Révolution d'Angleterre.

774 — Le Vandalisme révolutionnaire.

909 **Desprez** (Adrien). — Kléber et Marceau.

3762 — La Politique féminine, de Marie de Médicis à Marie-Antoinette.

2651 **Drohojowska** (Mme la comtesse). — L'Algérie française.

2471 **Drumont.** — Mon Vieux Paris.

1844 **Dubost.** — Danton et la Politique contemporaine.

886 **Ducoudray** (Gustave). — Cent Récits de l'histoire de France.

1980 — Premières Leçons d'histoire de France.

793 **Ducoudray** et **Gœpp.** — Patriotisme en France.

2575 **Dufresnoy** (Mme). — Faits historiques et moraux.

3336 **Dumas** (Alexandre). — Charles le Téméraire. 2 vol.

3269 — Le Drame de 93. 3 vol.

3266 — Les Garibaldiens.

3267 — Gaule et France.

2205 — Les Grands Hommes en robe de chambre : César. 2 vol.

2206 — Les Grands Hommes en robe de chambre : Henri IV, Louis XIII, Richelieu. 2 vol.

3322 **Dumas** (Alexandre). — Louis XIV et son Siècle. 4 vol.

3323 — Louis XV et sa Cour. 2 vol.

3324 — Louis XVI et la Révolution. 2 vol.

1934 — La Marquise de Brinvilliers.

1949 — Les Massacres du Midi. — Urbain Grandier.

3283 — Les Médicis.

3256 — Mémoires de Garibaldi. 2 vol.

2228 — Mes Mémoires. 10 vol.

3309 — Napoléon.

3372 — La Régence.

3298 — La route de Varennes.

3369 — Les Stuarts.

4148 **Dupuis** (Jean). — La Conquête du Tong-Kin, par vingt-sept Français.

1724 **Duquet** (Alfred). — Fræschwiller, Châlons, Sedan.

2604 — La Guerre d'Italie.

2633 **Durand** (Hipp.). — Lectures choisies sur l'histoire de notre patrie.

259 **Duruy** (Victor). — Abrégé d'histoire universelle.

261 — Histoire de France. 2 vol.

265 — Histoire grecque.

260 — Histoire du moyen âge.

264 — Histoire romaine.

2590 — Histoire sainte, d'après la Bible.

263 — Histoire des temps modernes.

298 **Dussieux**. — Histoire générale de la guerre 1870-1871. 2 vol.

875 **Dutemple** (Edmond). — Vie politique et militaire de Hoche.

1874 **Duvergier de Hauranne** (Mme). — Histoire populaire de la Révolution française.

2748 **Épinois** (comte Henri de l'). — Les Catacombes de Rome.

140 **Ernouf** (baron). — Denis Papin.

170 — Deux Inventeurs célèbres.

790 — Histoire de quatre inventeurs français.

118 — Histoire de trois ouvriers français.

1897 — Les Inventeurs du gaz et de la photographie.

1392 **Eyma** (Xavier). — La République américaine. 2 vol.

2851 **Fabre** (Louis). — Le Luxembourg.

842 **Fabre de Navacelle** (colonel). — Précis de la guerre franco-allemande.

4171 **Farges** (Louis). — Stendhal diplomate.

939 **Feillet**. — Histoire de Bayard.

1650 **Figuier** (Louis). — Histoire du merveilleux. 4 vol.

1648 — Vie des savants illustres. 2 vol.

165 **Flammarion** (Camille). — François Arago.

278 **Fleury**. — Histoire d'Angleterre.

289 — Histoire des Français.

3859 **Forge** (Anatole de la). — Les Serviteurs de la démocratie.

3878 **Franklin** (Alfred). — La Vie privée d'autrefois : l'Annonce et la Réclame. — Les Cris de Paris.

3879 — La Vie privée d'autrefois : les Soins de toilette. — Le Savoir-Vivre.

3819 — La Vie privée d'autrefois : Comment on devenait patron.

3818 — La Vie privée d'autrefois : les Repas.

1977 **Freycinet** (Charles de). — La Guerre en province pendant le siège de Paris.

3629 **Fustel de Coulanges**. — La Cité antique.

4211 **Gaffarel** (Paul). — Campagnes du premier Empire : Désastres.

3985 — Campagnes du Consulat ee de l'Empire : Succès.

4110 — Campagnes du premier Empire : Succès et Revers.

3479 — La Défense nationale en 1792.

2303 — Histoire ancienne des peuples de l'Orient.

1399 **Garcin** (E.). — La Tour d'Auvergne.

3094 **Garnier** (Edouard). — Les Nains et les Géants.

1390 **Gastineau** (Benjamin). — L'Impératrice du Bas-Empire.

3111 **Gazeau**. — Les Bouffons.

3486 — Les Frontières de la France.

57 **Germain** (Ch.) et **Aubert** (Oct.). — La Révolution, son Œuvre et ses Bienfaits.

3567 **Gigot** (Albert). — La Démocratie autoritaire aux États-Unis.

1991 **Goelzer** (Philippe). — Historique de la Société des sauveteurs de la Seine.

1861 **Gœpp** et **Cordier**. — Les Grands Hommes de la France : Hommes de guerre.

1860 — Les Grands Hommes de la France : Navigateurs.

793 **Gœpp** et **Ducoudray**. — Patriotisme en France.

1904 **Gosset** (Pierre). — Histoire du moyen âge.

2546 **Gourdault** (Jules). — La Jeunesse du grand Condé.

226 **Grandier** et **Beaulieu**. — Histoire abrégée de la Révolution française.

3549 **Green** (R.). — Histoire moderne du peuple anglais.

2691 **Griveau** (Maurice). — Charles VIII.

4197 **Guillon** (Edouard). — Histoire des colonies françaises.

4144 — La France et l'Irlande pendant la Révolution.

3478 — Petite Histoire de la Révolution.

2798 **Guizot**. — L'Amour dans le mariage : Étude historique.

2797 — Edouard III et les Bourgeois de Calais.

284 — Histoire de la civilisation en Europe.

280 — Histoire de la civilisation en France. 4 vol.

1926 **Hamel** (Ernest). — Histoire des deux conspirations du général Malet.

3692 **Hamont** (Tibulle). — Un Essai d'empire français dans l'Inde au XVIIIe siècle : Dupleix.

3444 **Hardy**. — Bayard.

4240 **Hardy de Périni**. — Les Batailles d'autrefois. 2 vol.

3683 **Hatin** (E.). — Théophraste Renaudot et ses Innocentes Inventions.

2703 **Henrion** (Victor). — Histoire populaire de la Lorraine.

1985 **Hérisson** (comte d'). — Journal de la campagne d'Italie.

1984 — Journal d'un officier d'ordonnance.

1609 **Hugo** (Victor). — Histoire d'un crime. 2 vol.

2132 **Michelet** (J.). — Précis de la Révolution française.

1939 — La Sorcière.

3195 **Mignet**. — Charles-Quint au monastère de Saint-Just.

895 — Histoire de la Révolution française. 2 vol.

167 — La Vie de Franklin.

3953 **Milloué** (L. de). — Histoire des religions de l'Inde.

4159 — Introduction au Catalogue du musée Guimet : Aperçu sommaire de l'histoire des religions des anciens peuples civilisés.

3873 **Monprofit** (O.). — Les Coups d'État.

406 **Montesquieu**. — Grandeur et Décadence des Romains.

3897 **Montheuil** (A.). — Héros et Martyrs de la liberté.

2765 **Monzie** (Eug. de). — Le Cardinal de Richelieu.

2541 **Moreau-Christophe**.—Les Gaulois, nos aïeux.

2761 **Morin** (Frédéric). — La France au moyen âge.

1915 — Origines de la démocratie.

2885 **Moritz Busch**. — Le Comte de Bismarck et sa Suite.

2855 **Motteville** (Mme de). — Mémoires. 4 vol.

2783 **Moulin** (H.). — Les Marins de la République.

2700 **Muller**. — Ambroise Paré.

855 **Noël** (Eugène). — Voltaire, sa Vie et ses Œuvres.

251 **Pajol** (comte). — Pajol, général en chef. 3 vol.

2495 **Pallu**. — Histoire de l'expédition de Cochinchine.

1900 **Pellet** (Marcellin). — Elysée Loustalot et les Révolutions de Paris. 2 vol.

4057 **Pelletan** (Camille). — De 1815 à nos jours.

286 **Pelletan** (Eugène).—Décadence de la monarchie.

257 — Histoire des trois journées de février 1848.

771 — Jarousseau, le pasteur du Désert.

275 — Le Quatre Septembre devant l'enquête.

356 — Les Rois philosophes.

4150 **Petit** (Edouard). — Francis Garnier.

795 **Petit** (Maxime). — Le Courage civique.

168 **Rémusat** (Charles de). — Channing, sa Vie et ses OEuvres.

2852 **Renan** (Ernest). — La Vie de Jésus.

3241 **Renard** (Georges). — Vie de Voltaire.

312 **Renaud** (Armand). — L'Héroïsme.

367 **Retz** (cardinal de). — Mémoires.

2341 **Reynald** (H.). — Histoire de l'Angleterre.

3081 — Histoire de l'Espagne.

2832 **Rissler** (Ch.). — Neuf-Brisach, souvenirs du siège.

3943 **Robinet** (le Docteur). — Danton homme d'Etat.

1414 **Roland** (Mme). — Mémoires. 4 vol.

3577 **Rothan** (G.). — L'Affaire du Luxembourg.

3578 — L'Allemagne et l'Italie. 2 vol.

3576 — La Politique française en 1866.

3080 **Rousset** (Camille). — La Conquête d'Alger.

2781 **Roy** (J. E.). — Henri IV.

1959 — Histoire du maréchal de Catinat.

2568 — Histoire de Louis XII.

2438 **Sainte-Beuve**. — Le Général Jomini.

1557 **Saint-Réal**. — Don Carlos.

2428 **Saint-Réné Taillandier**. — Le Général Philippe de Ségur.

3807 **Saint-Simon** (duc de). — Scènes et Portraits. 2 vol.

1525 **Salluste**. — Conjuration de Catilina.

2702 — Guerre de Jugurtha.

3077 **Sarcey** (Francisque). — Siège de Paris.

3965 **Sayce** (A.-H.) — Les Hétéens, histoire d'un empire oublié.

4140 **Sayous** (Ed.). -- Les Deux Révolutions d'Angleterre.

2515 **Ségur** (de). — Vie du comte Rostopchine.

2548 **Sepet** (Marius). — Jeanne d'Arc.

3180 **Stern** (Daniel). — Histoire de la Révolution de 1848. 3 vol.

1428 **Suétone**. — Histoire des douze Césars. 2 vol.

1503 **Tacite**. — Mœurs des Germains.

3637 — OEuvres complètes.

4126 **Taine** (H.). — Les Origines de la France contemporaine : l'Ancien Régime.

2302 **Talbot** (Eug.). — Histoire romaine.

1170 **Tardieu** (Ambroise). — Histoire populaire de la ville d'Herment, en Auvergne.

3875 **Tessier** (Jules). — La Mort d'Étienne Marcel, étude historique.

2342 **Thackeray.** — Les Quatre Georges.

304 **Thierry** (Amédée). — Tableau de l'Empire romain.

232 **Thierry** (Augustin). — Dix Ans d'études historiques.

227 — Histoire de la conquête de l'Angleterre par les Normands. 4 vol.

235 — Histoire du tiers état.

231 — Lettres sur l'histoire de France.

233 — Récits des temps mérovingiens. 2 vol.

288 **Thiers.** — Histoire de Law.

3825 — Histoire de la Révolution française. 8 vol.

2824 — Sainte-Hélène.

305 — Waterloo.

4153 **Tissandier** (Gaston). — Les Martyrs de la science.

911 **Tite-Live.** — Histoire et Narrations choisies.

2529 **Todière.** — Louis XIII et Richelieu.

2583 **Topin** (Marius). — L'Europe et les Bourbons sous Louis XIV.

1616 **Toussaint-Nigoul** (Marcus). — Lakanal.

3446 **Troude.** — Batailles navales de la France. 4 vol.

2676 **Un professeur d'histoire.** — Histoire ancienne.

2677 — Histoire du moyen âge.

2705 — Histoire des temps modernes.

1914 **Vacquerie** (Aug.). — Les Miettes de l'histoire.

2689 **Valentin** (F.). — Abrégé de l'histoire des croisades.

2543 — Les Ducs de Bourgogne.

2573 **Van den Berg.** — Petite Histoire ancienne des peuples de l'Orient.

3489 — Petite Histoire des Grecs.

4194 **Vaulabelle** (Achille de). — Histoire des deux Restaurations. 8 vol.

2517 — Ligny, Waterloo.

1408 **Vermorel.** — Mirabeau, sa Vie, ses Opinions, ses Discours. 5 vol.

254 **Véron** (Eugène). — Histoire de la Prusse.

V

LITTÉRATURE — THÉATRE — POÉSIES

384 **About** (Ed.). — Alsace (1871-1872).
3389 — Dernières Lettres d'un bon jeune homme.
3388 — Lettres d'un bon jeune homme.
2412 **Achard** (Amédée). — Histoire de mes amis.
2715 — Récits d'un soldat.
2632 **Adam** (Adolphe). — Lectures militaires.
3840 **Aicard** (Jean). — Miette et Noré.
880 **Albert** (Paul). — Littérature française jusqu'à
la fin du xviᵉ siècle.
881 — Littérature française au xviiᵉ siècle.
882 — Littérature française au xviiiᵉ siècle.
2915 — Littérature française au xixᵉ siècle.
402 — La Poésie.
393 — La Prose.
1505 **Alembert** (d'). — Discours préliminaire de
l'Encyclopédie.
1494 — Sur la destruction des jésuites en France.
1585 **Alfiéri.** — De la Tyrannie.
2352 **Ampère.** — Journal et Correspondance.
1411 **Arioste.** — Roland furieux. 6 vol.
1948 **Assollant** (A.). — Pensées de Cadet Borniche.
439 **Augier** (Emile). — Gabrielle.
438 — La Jeunesse.
3130 — OEuvres diverses.
3124 — Théâtre. 7 vol. — 1ᵉʳ vol. : La Ciguë. —
L'Aventurière. — Un Homme de bien. —
L'Habit vert. — Gabrielle. — Le Joueur de
flûte.

3463 **Bert** (Paul).— Leçons, Discours et Conférences.

3883 **Bertrand** (Alfred). — Les Prisons de la Prusse en 1870.

3100 **Bertrand** (Joseph). — D'Alembert.

4007 **Biart** (Lucien).— Cervantès.

2507 **Blanchère** (H. de la). — Les Animaux racontés par eux-mêmes.

2258 **Blaze de Bury** (Henri). — Alexandre Dumas, sa Vie, son Temps, son OEuvre.

2770 **Blier** (Paul). — Jeanne d'Arc (poésies).

2759 **Bocher** (Charles). — Lettres de Crimée.

1548 **Boileau**. — L'Art poétique.

 385 — OEuvres poétiques.

1497 — Satires.

1597 **Boissier** (Gaston). — Cicéron et ses **Amis**.

3900 — Discours sur les prix de vertu (année 1887).

2774 — Madame de Sévigné.

4206 — Saint-Simon.

 812 **Boissonnas** (Mᵐᵉ). — Une Famille pendant la guerre de 1870-1871.

1280 **Bokhâri de Djohôre**. — Makota Radja-Radja.

2552 **Bonnefon**. — Les Écrivains célèbres de France.

 862 **Bonnefoy** (Marc). — La France héroïque, poésies.

1355 **Boreau** (Arthur). — Un Médecin pour gendre, comédie.

2493 **Bornier** (Henri de). — La Fille de Roland.

1432 **Bossuet**. — Oraisons funèbres. 2 vol.

4072 — Sermons choisis.

1973 **Bouché-Leclercq** (A.). — Léopardi, sa Vie, ses OEuvres.

1993 **Bouchet** (Eugène). — Précis de littératures étrangères, anciennes et modernes.

1522 **Boufflers**. — OEuvres choisies.

3617 **Bourde** (Paul). — Le Patriote.

2791 **Bourguin** (L.-A.).— Fables.

2553 **Brétignière**. — Leçons d'histoire littéraire.

2554 — Notions de littérature.

1460 **Brillat-Savarin**.— Physiologie du goût. 2 vol.

 503 **Brueyre**. — Contes populaires de la Grande-Bretagne.

1568 **Byron** (lord). — Le Corsaire

3804 **Biron** (lord). — OEuvres complètes. 4 vol.

3206 **Calderon**. — Théâtre. 3 vol.

> 1er vol. : Maison à deux portes. — Le Méde-
> cin de son honneur. — La Dévotion à la
> croix. — L'Alcade de Zalaméa. — De mal en
> pis. — La Vie est un songe.
>
> 2e vol. : Le Pire n'est pas toujours certain. —
> Bonheur et Malheur du nom. — A outrage
> secret, vengeance secrète. — Aimer après
> la mort. — Le Geôlier de soi-même.
>
> 3e vol. : Louis Perez de Galice. — Le Secret à
> haute voix. — L'Esprit follet. — Les Trois
> Châtiments en un seul. — Le Prince cons-
> tant. — Le Schisme d'Angleterre.

2114 **Campaux** (Antoine). — Les Legs de Marc-An-
toine.

3839 **Carcassonne**. — Pièces à dire.

3650 **Carlyle** (Thomas). — Les Héros : le Culte des
héros.

2784 **Caro** (E.). — George Sand.

2095 **Carré** (Michel) et **Lucas** (Hippolyte). — Lalla-
Roukh.

1935 **Castagnary**. — Les Libres Propos.

3482 **Caussade** (de). — Histoire littéraire : Littérature grecque.

3481 — Histoire littéraire : Littérature latine.

1448 **Chamfort**. — OEuvres choisies. 3 vol.

1248 **Champfleury**. — Les Excentriques.

1247 — Souvenirs des Funambules.

3539 **Charbonnier** (Joseph). — Souvenirs de l'invasion.

877 **Charpentier**. — Littérature française au XIXe
siècle.

653 **Charton** (direction).

> Magasin pittoresque, année 1833.
> —   —   — 1834.
> —   —   — 1835.
> —   —   — 1836.
> —   —   — 1837.
> —   —   — 1838.
> —   —   — 1839.
> —   —   — 1840.

653 **Charton** (direction).

Magasin pittoresque, année 1841.

—	—	—	1842.
—	—	—	1843.
—	—	—	1844.
—	—	—	1845.
—	—	—	1846.
—	—	—	1847.
—	—	—	1848.
—	—	—	1849.
—	—	—	1850.
—	—	—	1851.
—	—	—	1852.
—	—	—	1853.
—	—	—	1854.
—	—	—	1855.
—	—	—	1856.
—	—	—	1857.
—	—	—	1858.
—	—	—	1859.
—	—	—	1860.
—	—	—	1861.
—	—	—	1862.
—	—	—	1863.
—	—	—	1864.
—	—	—	1865.
—	—	—	1866.
—	—	—	1867
—	—	—	1868.
—	—	—	1869.
—	—	—	1870.
—	—	—	1871.
—	—	—	1872.
—	—	—	1873.
—	—	—	1874.
—	—	—	1875.
—	—	—	1876.
—	—	—	1877.
—	—	—	1878.
—	—	—	1879.
—	—	—	1880.
—	—	—	1881.

653 **Charton** (direction).

Magasin pittoresque, année 1882.

— — — 1883.
— — — 1884.
— — — 1885.
— — — 1886.
— — — 1887.
— — — 1888.
— — — 1889.
— — — 1890.
— — — 1891.
— — — 1892.

1836 **Chasles** (Philarète).—Études sur le XVIᵉ siècle en France.

1837 — La France, l'Espagne et l'Italie au XVIIᵉ siècle.

1239 — Souvenirs d'un médecin : le Jeune Médecin.

1241 — Souvenirs d'un médecin : le Médecin des pauvres.

1240 — Souvenirs d'un médecin : le Vieux Médecin.

789 **Chateaubriand** (de). — Le Génie du christianisme.

2434 — Les Martyrs. 2 vol.

2436 — Les Natchez. 2 vol.

1595 — Œuvres complètes.

3199 **Chénier** (André). — Poésies complètes.

3789 **Cherville** (marquis de). — Les Bêtes en robe de chambre.

2371 — Histoire d'un trop bon chien.

4209 **Chuquet** (A.). — J.-J. Rousseau.

1493 **Cicéron**. — Les Catilinaires.

1943 **Claretie** (Jules). — La Libre Parole.

566 — Ruines et Fantômes.

4107 **Clédat** (Léon). — Rutebeuf.

2582 **Cochin** (Augustin). — Conférences et Lectures.

1549 **Colin d'Harleville**. — Le Vieux Célibataire. — Monsieur de Crac dans son castel

1182 **Conscience** (Henri). — Le Lion de Flandre. 2 vol.

1212 — Souvenirs de jeunesse.

2094 **Coppée** (François). — Le Passant.

2309   —   Poésies. 3 vol.

3250   —   Théâtre de 1869 à 1881. 3 vol.

     1er vol. — Le Passant. — Deux Douleurs. — Fais ce que dois. — L'Abandonnée. — Les Bijoux de la délivrance.

     2e vol. — Le Rendez-vous. — Le Luthier de Crémone. — La Guerre de Cent Ans.

     3e vol. — Le Trésor. — La Bataille d'Ernani. — La Maison de Molière. — Madame de Maintenon.

1543 **Corneille** (Pierre). — Le Cid. — Horace.

1542   —   Cinna. — Polyeucte.

2440   —   OEuvres. 2 vol.

1571   —   Rodogune. — Le Menteur.

424   —   Théâtre.

     Le Cid. — Horace. — Cinna. — Polyeucte. — Pompée. — Le Menteur. — Rodogune. — Sertorius.

1809   —   Théâtre. 5 vol.

     1er vol. : Médée. — L'Illusion. — Le Cid.

     2e vol. : Horace. — Cinna. — Polyeucte. — Pompée.

     3e vol. : Le Menteur. — La Suite du Menteur. — Rodogune. — Héraclius.

     4e vol. : Andromède. — Don Sanche d'Aragon. — Nicomède. — OEdipe.

     5e vol. : Sertorius. — Pulchérie. — Discours sur l'art dramatique.

2252 **Corréard** (F). — Michelet.

3828 **Costal** (Paul-Robert du). — D'après nature, poésies.

1419 **Courier** (P.-L.). — Chefs-d'œuvre. 2 vol.

1517   —   Lettres écrites de France et d'Italie.

403   —   OEuvres. 3 vol.

432 **Crémieux** (Gaston). — OEuvres posthumes.

1427 **Cyrano de Bergerac.** — OEuvres comiques. 2 vol.

1786 **Danglars** (Mme Renée). — Théâtre des mères de famille.

399 **Dante** (le). — La Divine Comédie.

1422   —   L'Enfer. 2 vol.

3720 **Du Camp** (Maxime). — Discours sur les prix de vertu (année 1885).

3983 — Théophile Gautier.

3026 **Ducis** (J.-F.). — Œuvres. 3 vol.

2274 **Duclos** (Louis). — Mes Chants du soir, poésies.

3251 **Dufour** (Théophile). — Lettres à Quinet sous l'Empire.

3271 **Dumas** (Alexandre). — Bric-à-brac.

3319 — Causeries. 2 vol.

3270 — Les Drames de la mer.

3263 — Filles, Lorettes et Courtisanes.

3287 — Histoire de mes bêtes.

3357 — Les Morts vont vite. 2 vol.

3305 — Propos d'art et de cuisine.

3355 — Souvenirs dramatiques. 2 vol.

3141 — Théâtre complet. 25 vol.

    1er vol.: La Chasse et l'Amour. — La Noce et l'Enterrement. — Henri III et sa Cour. — Christine.

    2e vol.: Napoléon Bonaparte. — Antony. — Charles VII chez ses grands vassaux.

    3e vol.: Richard Darlington. — Térésa. — Le Mari de la veuve.

    4e vol.: La Tour de Nesle. — Angèle. — Catherine Howard.

    5e vol.: Don Juan de Marana. — Kean. — Piquillo.

    6e vol.: Caligula. — Raoul Jones. — l'Alchimiste.

    7e vol.: Mademoiselle de Belle-Isle. — Un Mariage sous Louis XV. — Lorenzino.

    8e vol.: Halifax. — Les Demoiselles de Saint-Cyr. — Louise Bernard.

    9e vol.: Le Laird de Dumbiky. — Une Fille du Régent.

    10e vol.: La Reine Margot. — Intrigue et Amour.

    11e vol.: Le Chevalier de Maison-Rouge. — Hamlet. — Le Cachemire vert.

    12e vol.: Monte-Cristo (1re et 2e parties).

    13e vol.: Le Comte de Morcerf (3e partie du Comte de Monte-Cristo). — Villefort (4e partie de Monte-Cristo).

3141 **Dumas** (A.). — Théâtre complet. 25 vol. (*suite*).

    14e vol.: La Jeunesse des Mousquetaires. — Les Mousquetaires.

    15e vol.: Catilina. — Le Chevalier d'Harmental.

    16e vol.: La Guerre des femmes. — Le Comte Hermann. — Trois Entr'actes pour l'Amour médecin.

    17e vol.: Urbain Grandier. — Le 24 Février. — La Chasse au chastre.

    18e vol.: La Barrière de Clichy. — Le Vampire.

    19e vol.: Romulus. — La Jeunesse de Louis XIV. Le Marbrier.

    20e vol.: La Conscience. — L'Orestie. — La Tour Saint-Jacques.

    21e vol.: Le Verrou de la reine. — L'Invitation à la valse. — Les Forestiers.

    22e vol.: L'Honneur est satisfait. — Le Roman d'Elvire. — L'Envers d'une conspiration.

    23e vol.: Le Gentilhomme de la montagne. — La Dame de Monsoreau.

    24e vol.: Les Mohicans de Paris. — Gabrielle Lambert.

    25e vol.: Madame de Chamblay. — Les Blancs et les Bleus.

3300   — Une Vie d'artiste.

3387 **Dumas** (A.) fils. — Entr'actes. 3 vol.

3166   — Théâtre complet. 7 vol.

    1er vol.: La Dame aux camélias. — Diane de Lys. — Le Bijou de la reine.

    2e vol.: Le Demi-Monde. — La Question d'argent.

    3e vol.: Le Fils naturel. — Un Père prodigue.

    4e vol.: L'Ami des femmes. — Les Idées de Mme Aubray.

    5e vol.: Une Visite de noces. — La Princesse Georges. — La Femme de Claude.

    6e vol.: Monsieur Alphonse. — L'Étrangère.

    7e vol.: La Princesse de Bagdad. — Denise. — Francillon.

3671 **Dupay** (E.). — Les Grands Maîtres de la littérature russe (xixe siècle).

4073 **Dupont** (Pierre). — Chants et Poésies.

2255 **Dupuy** (Ernest). — Victor Hugo.

2937 **Durieu** (Louis). — Ces Bons Petits Collèges.

2124 **Ennery** (d') et **Verne**. — Les Voyages au théâtre.

1486 **Erasme**. — Eloge de la folie.

448 **Erckmann-Chatrian**. — L'Ami Fritz, comédie.

467 — La Guerre.

3464 **Essarts** (Emm. des). — Poèmes de la Révolution.

2479 **Étienne**. — Histoire de la littérature italienne.

2254 **Faguet** (Émile). — Corneille.

2564 — Études littéraires sur le xixe siècle.

4063 — Études littéraires sur le xviiie siècle.

4062 — Etudes littéraires sur le xviie siècle.

2253 — La Fontaine.

4064 — Politiques et Moralistes du xixe siècle.

3009 **Fellens** (Charles). — La Féodalité ou les Droits du seigneur. 2 vol.

2608 **Fénelon**. — Fables.

407 — Télémaque.

1442 — Télémaque. 3 vol.

2098 **Fernand** (Jacques). — Remember! — Le Temps et l'Éternité.

2119 **Feugère** (Léon). — Morceaux choisis des prosateurs et poètes français.

2659 — Morceaux choisis de classiques français, poésies.

2658 — Morceaux chosis de classiques français, prose.

4076 **Feuillet** (Octave). — Théâtre complet.
    1er vol.: Un Bourgeois de Rome. — Le Pour et le Contre. — La Crise. — Péril en la demeure. — Le Village. — La Fée. — Le Roman d'un jeune homme pauvre.
    2e vol.: Le Cheveu blanc. — La Tentation. — Rédemption. — Montjoye.
    3e vol.: La Belle au bois dormant. — Le Cas de conscience. — Julie. — Dalila. — L'Acrobate.

4008 **Firmery**. — Gœthe.

3831 **Flammarion**. — Dans le ciel et sur la terre.

3832 — Récits de l'infini : Lumen, histoire d'une âme.

3926 — Uranie.

2903 **Flaubert.** — Le Candidat, comédie.

2318 **Fléchier.** — Oraisons funèbres.

415 **Florian.** — Fables.

1558 **Fontenelle.** — Dialogue des morts.

1509 — Histoire des oracles.

4210 **Fouillée** (A.). — Descartes.

4027 **Gallet** (Louis). — Patria.

1853 **Gambetta** (Léon). — Discours et Plaidoyers politiques. 2 vol.

1338 **Gautier** (Théophile). — Émaux et Camées.

3238 — Les Grotesques.

3548 — Histoire du romantisme.

1335 — Les Jeune-France.

1336 — Poésies complètes. 2 vol.

1302 **Gay** (Sophie). — Physiologie du ridicule.

1301 — Salons célèbres.

848 **Geruzez.** — Histoire de la littérature française.

2756 — Histoire de la littérature française pendant la Révolution.

3676 **Gidel** (Ch.). — L'Art d'écrire enseigné par les grands maîtres.

949 — Histoire de la littérature française. 2 vol.

1523 **Gilbert.** — Poésies.

1389 **Gill** (André). — La Corde au cou, comédie.

1270 **Girardin** (Mme Émile de). — Poésies complètes.

1266 — Le Vicomte de Launay. 4 vol.

2326 **Godefroy** (F.). — Prosateurs français (XVIIe et XVIIIe siècle).

2327 — Prosateurs français (XIXe siècle).

1499 **Gœthe.** — Faust.

400 — Hermann et Dorothée.

2104 — Poésies.

2105 — Théâtre. 2 vol.

1550 — Werther.

2117 **Gozlan** (Léon). — Balzac intime.

2901 **Grave** (Théodore de). — Les Drames de l'épée.

1559 **Gresset.** — Vert-Vert.

383 **Guérin** (Eugénie de). — Journal et Fragments.

3950 **Guimet** (Émile) et **Régamey** (Félix). — Le Théâtre au Japon. — L'Ascia des Égyptiens, etc.

2719 **Halévy** (Ludovic). — L'Invasion.

1423 **Hamilton**. — Mémoires du chevalier de Grammont. 2 vol.

4082 **Hatzfeld** (A.) et **Darmesteter** (A.). — Le XVIᵉ siècle en France.

4112 **Haussonville** (comte d'). — Mᵐᵉ de La Fayette.

3573 **Heine** (Henri). — De l'Allemagne. 2 vol.

3572 — Allemands et Français.

3571 — Lutèce.

3570 — Poèmes et Légendes.

4077 — Reisebilder, tableaux de voyages. 2 vol.

4172 **Hély** (Léon). — Claires Matinées.

4226 **Hérédia** (José-Maria de). — Les Trophées.

2581 **Hersart de la Villemarqué**. — Légende celtique.

2924 **Hervilly** (d'). Le Harem, poésies.

1483 **Homère**. — L'Iliade. 3 vol.

1484 — L'Odyssée. 3 vol.

363 — OEuvres complètes.

3633 **Horace**. — OEuvres.

1467 — Poésies. 2 vol.

2745 **Huë** (Mᵐᵉ Sophie). — Les Maternelles, poésies.

1910 **Hugo** (Victor). — L'Ane.

1638 — L'Année terrible.

1909 — L'Art d'être grand-père.

1639 — Les Chansons des rues et des bois.

1600 — Les Châtiments.

412 — Les Contemplations. 2 vol.

4173 — Dieu.

1604 — La Légende des siècles. 2 vol.

1645 — Littérature et Philosophie mêlées. 2 vol.

344 — Le Livre des mères : les Enfants.

1601 — Napoléon le Petit.

1632 — Odes et Ballades.

3702 — OEuvres complètes (extraits), édition du monument.

414 — Les Orientales. — Les Feuilles d'automne. Les Chants du crépuscule.

1608 — Le Pape.

1607 — La Pitié suprême.

3007 — Les Quatre Vents de l'esprit. 2 vol.

1606 — Religions et Religion.

3131 **Labiche** (Eugène). — Théâtre. 10 vol. (*suite*).

3e vol. : Célimare le Bien Aimé. — Un Monsieur qui prend la mouche. — Frisette. — Mon Isménie. — J'invite le colonel. — Le Baron de Fourchevif. — Le Club champenois.

4e vol. : Moi! — Les Deux Timides. — Embrassons-nous, Folleville. — Un Garçon de chez Véry. — Maman Sabouleux. — Les Suites d'un premier lit. — Les Marquises de la fourchette.

5e vol. : La Cagnotte. — La Perle de la Cannebière. — Le Premier Pas. — Un Gros Mot. — Le Choix d'un gendre. — Les Trente-sept Sous de M. Montandon.

6e vol. : Le Plus Heureux des trois. — La Commode de Victorine. — L'Avare en gants jaunes. — La Sensitive. — Le Cachemire X. B. T.

7e vol. : Les Trente Millions de Gladiator. — Le Petit Voyage. — Vingt-neuf Degrés à l'ombre. — Le Major Cravachon. — La Main leste. — Un Pied dans le crime.

8e vol. : Les Petites Mains. — Deux Merles blancs. — Le Chasse aux corbeaux. — Un Monsieur qui a brûlé une dame. — Le Clou aux maris

9e vol. : Doit-on le dire? — Les Noces de Bouchencœur. — La Station Champbaudet. — Le Point de mire.

10e vol. : Le Prix Martin. — J'ai compromis ma femme. — Si jamais je te pince! — La Cigale chez les fourmis. — Un Mari qui lance sa femme.

2490 **Laboulaye** (Edouard). — Correspondance de Benjamin Franklin. 3 vol.

783 **La Bruyère.** — Caractères.

3500 **Lachambaudie.** — Cent Fables choisies.

409 **La Fontaine.** — Fables.

408 **Lamairesse.** — Poésies populaires du Sud de l'Inde.

2013 **Lamartine** (A. de). — La Chute d'un ange.

417 — Harmonies poétiques et religieuses.

3.

4067 **Lemaître** (Jules). — Impressions de théâtre. 5 vol.

4066 — Les Contemporains. 5 vol.

1582 **Lesage**. — Turcaret. — Crispin, rival de son maître.

4117 **Lescure** (de). — Chateaubriand.

3487 **Leser** (Charles et Paul). — Les Chants du pays.

3732 **Levallois** (Jules). — L'Année d'un ermite.

2804 **Levot** (P.). — Récits de naufrages, incendies, tempêtes.

4214 **Lintilhac** (Eugène). — Lesage.

1010 **Longfellow**. — Drames et Poésies.

1554 **Longus**. — Daphnis et Chloé.

4182 **Loti** (Pierre). — Fleurs d'ennui.

4183 — Japonneries d'automne.

4184 — Le Livre de la pitié et de la mort.

4185 — Le Roman d'un enfant.

2588 **Louandre**. — Morceaux choisis de prosateurs et poètes du XVIe au XIXe siècle.

2095 **Lucas** (Hippolyte) et **Carré** (Michel). — Lalla-Roukh.

1488 **Lucien**. — Dialogues des dieux et des morts.

3634 **Lucrèce**. — De la Nature.

1758 **Lur-Saluces** (de). — Recueil de brochures et autres écrits.

1746 **Maistre** (Xavier de). — OEuvres.

401 — OEuvres choisies.

1487 — Voyage autour de ma chambre.

781 **Malherbe**. — Poésies.

2272 — Poésies complètes.

433 **Manuel** (Eugène). — Les Ouvriers.

849 — Pendant la guerre, poésies.

3935 — Poésies du foyer et de l'école.

558 **Marc-Bayeux**. — Les Gens d'église.

3461 **Marchand** (Alfred). — Les Poètes lyriques de l'Autriche.

1465 **Marivaux**. — OEuvres choisies. 2 vol.

1er vol. : Le Jeu de l'amour et du hasard. — L'Epreuve.

2e vol. : Les Fausses Confidences. — Le Legs.

2747 **Marmier** (Xavier). — A la maison.

2524 — Récits américains.

1472 **Marmontel.** — Les Incas ou la Destruction de
l'empire du Pérou. 2 vol.

3073 **Martel** (L.). — Petit Recueil de proverbes français.

1587 **Massillon.** — Petit Carême.

171 **Masson** (Michel). — Le Dévouement.

2555 **Maury** (le cardinal). — Essais sur l'éloquence
de la chaire.

2110 **Mercier.** — Tableau de Paris. 3 vol.

219 **Merlet** (Gustave). — Extraits des classiques
français (cours moyens).

220 — Extraits des classiques français (cours
supérieurs).

2644 **Messin** (Jules). — Lectures quotidiennes de
l'École et de la famille.

2611 **Meynal.** — Recueil de Morceaux de littérature
(classe de 5e).

2610 — Recueil de morceaux de littérature (classe
de 4e).

2837 **Mezières.** — Discours sur les prix de vertu.

3575 **Michelet** (Jules). — La Femme.

3835 — Un Hiver en Italie.

92 — L'insecte.

3834 — Ma Jeunesse.

93 — La Mer.

1970 — Nos fils.

91 — L'Oiseau.

4215 **Millet** (A.). — Rabelais.

387 **Milton.** — Le Paradis perdu.

416 **Mistral.** — Mireïo (poème provençal).

425 **Molière.** — Chefs d'œuvre. 2 vol.

1802 — OEuvres complètes. 3 vol.
1er vol. : La Jalousie du Barbouillé. — Le
Médecin volant. — L'Étourdi. — Le Dépit
amoureux. — Les Précieuses Ridicules. —
Sganarelle. — Don Garcie de Navarre. —
l'École des maris. — Les Fâcheux. — L'É-
cole des Femmes. — La Critique de l'École
des femmes. — L'Impromptu de Versailles.
— Le Mariage forcé.

1802 **Molière.** — OEuvres diverses. 3 vol. (*suite*).

2e vol. : La Princesse d'Elide. — Don Juan. — L'Amour médecin. — Le Misanthrope. — Le Médecin malgré lui. — Mélicerte. — La Pastorale comique. — Le Sicilien. — Tartuffe. — Amphytrion. — Georges Dandin. — L'Avare.

3e vol. : Monsieur de Pourceaugnac. — Les Amants magnifiques. — Le Bourgeois gentilhomme. — Psyché. — Les Fourberies de Scapin. — La Comtesse d'Escarbagnas. Les Femmes savantes. — Le Malade imaginaire.

2442 — OEuvres complètes, avec intermèdes. 5 vol.

1535 — Amphytrion. — L'École des maris.

1512 — L'Avare. — George Dandin.

1581 — Le Bourgeois gentilhomme. — La Comtesse d'Escarbagnas.

1562 — Don Juan. — Les Précieuses ridicules.

1526 — L'École des femmes. — La Critique de l'École des femmes.

1534 — L'Étourdi. — Sganarelle.

1528 — Le Malade imaginaire. — Les Fourberies de Scapin.

1514 — Le Mariage forcé. — Le Médecin malgré lui. — Le Sicilien.

1496 — Le Misanthrope. — Les Femmes savantes.

1511 — Monsieur de Pourceaugnac. — Les Fâcheux. — L'Amour médecin.

1530 — Tartufe. — Le Dépit amoureux.

3934 **Monselet** (Charles). — De A à Z.: Portraits contemporains.

4121 **Montégut** (Émile). — Dramaturges et Romanciers.

1013 — Mélanges critiques.

1014 — Poètes et Artistes de l'Italie.

2092 **Montégut** (Maurice). — La Bohême sentimentale.

1429 **Montesquieu.** — Lettres persanes. 2 vol.

1421 — Le Temple de Gnide.

1315 **Moreau** (Hégésippe). — OEuvres.

173 **Morin** (Ernest). — Le Prix Monthyon.

1049 **Murger** (Henry). — Les Nuits d'hiver, poésies.

1042 — Propos de ville et Propos de théâtre.

3205 **Musset** (Alfred de). — Comédies et Proverbes. 3 vol.

> 1er vol.: André del Sarto. — Les Caprices de Marianne. — Fantasio. — On ne badine pas avec l'amour. — La Nuit vénitienne. — Barberine.
>
> 2e vol.: Lorenzaccio. — Le Chandelier. — Il ne faut jurer de rien.
>
> 3e vol.: Un Caprice. — Il faut qu'une porte soit ouverte ou fermée. — Louison. — On ne saurait penser à tout. — Carmosine. — Bettine.

1328 **Musset** (Alfred de). — Poésies nouvelles.

1327 — Premières Poésies.

2933 **Nadaud** (G.). — Chansons inédites.

2934 — Chansons nouvelles.

1322 **Nodier** (Charles). — Souvenirs de jeunesse.

3182 **Noriac** (Jules). — Le 101e Régiment.

4170 **Ollivier** (Emile). — Discours sur les prix de vertu (année 1892).

1358 **Ordinaire** (Dionys). — Mes Rimes, poésies.

1455 **Ovide**. — Métamorphoses. 3 vol.

4122 **Paléologue** (Maurice). — Alfred de Vigny.

3992 — Vauvenargues.

131 **Parfait** (Paul). — Le Dossier des pèlerinages.

4009 **Parigot** (H.). — Emile Augier.

3485 **Parnajon** (de). — Histoire de la littérature française.

1992 **Parodi** (D.-Alexandre). — Le Théâtre en France.

1964 **Pellerin** (Georges). — Le Monde dans deux mille ans.

354 **Pelletan** (Eugène). — La Mère.

505 — La Naissance d'une ville.

506 — La Nouvelle Babylone.

355 — Nouvelles Heures du travail.

352 — Les Uns et les Autres.

395 **Pellico** (Silvio). — Mes Prisons.

3925 **Perraud** (Mgr). — Discours sur les prix de vertu (année 1889).

3428 **Sand** (George). — Le Diable aux champs.
3404 — Histoire de ma vie. 4 vol.
3399 — Impressions et Souvenirs.
2251 — Légendes rustiques.
3421 — Promenades autour d'un village.
2269 — Questions d'art et de littérature.
3438 — Les Sept Cordes de la lyre.
3415 — Souvenirs de 1848.
2723 — Théâtre de Nohant.
3417 — Théâtre complet. 4 vol.
    1er vol.: Casimir. — Le Roi attend. — François le Champi. — Claudie. — Molière.
    2e vol.: Le Mariage de Victorine. — Les Vacances de Pandolphe. — Le Démon du foyer. — Le Pressoir.
    3e vol.: Mauprat. — Flaminio. — Maître Favilla. — Lucie.
    4e vol.: Françoise. — Comme il nous plaira. — Marguerite de Sainte-Gemme. — Le Marquis de Villemer.
3419 — Jean Zyska.
434 **Sandeau** (Jules) et **Augier** (Emile). — Le Gendre de M. Poirier.
3979 **Sardou** (A.-L.). — Petites Erreurs et Petites Ignorances.
2940 **Sardou** (Victorien). — L'Heure du spectacle.
2542 **Saucié**. — Histoire de la littérature française.
1372 **Sauvage** (Claude). — Les Guêpes gauloises.
2806 **Say** (Léon). — Turgot.
818 **Sayous**. — Conseils à une mère.
1453 **Scarron**. — Le Virgile travesti. 3 vol.
1579 **Schiller**. — Les Brigands.
1572 — Guillaume Tell.
897 — OEuvres dramatiques.
1927 — Poésies.
421 — Théâtre. 3 vol.
    1er vol.: Les Brigands. — La Conjuration de Fiesque. — L'Intrigue et l'Amour.
    2e vol.: Don Carlos. — Marie Stuart. — La Pucelle d'Orléans.
    3e vol.: Wallenstein. — La Fiancée de Messine. — Guillaume Tell.

3067 **Scott** (Walter). — La Dame du lac.

3068 — Rokeby.

1546 **Sedaine.** — Le Philosophe sans le savoir. — La Gageure imprévue.

3594 — Théâtre.

394 **Sévigné** (Mᵐᵉ de). — Lettres choisies.

440 **Shakespeare.** — Beaucoup de bruit pour rien.

427 — Chefs-d'œuvre. 3 vol.

1ᵉʳ vol.: Richard III. — Le Marchand de Venise. — Roméo et Juliette.

2ᵉ vol.: Henri IV. — Hamlet. — Othello.

3ᵉ vol.: Le Roi Lear. — Macbeth. — Jules César.

1544 — Hamlet.

1575 — Henri VIII

1490 — Les Joyeuses Commères de Windsor.

1524 — Jules César.

1578 — Macbeth.

1515 — Le Marchand de Venise.

1491 — Othello.

1569 — Le Roi Lear.

1584 — Roméo et Juliette.

1492 — Le Songe d'une nuit d'été.

1466 — La Tempête.

2112 — La Vie et la Mort de Richard III.

2473 **Simon** (Jules). — Victor Cousin.

3701 **Smiles** (Samuel). — Self-Help ou Caractère, Conduite et Persévérance.

2593 **Sorel** (Albert). — Montesquieu.

3995 — Madame de Staël.

526 **Souvestre** (Emile). — Les Derniers Bretons. 2 vol.

529 — Un Philosophe sous les toits.

776 — Souvenirs d'un vieillard.

133 **Spuller** (E.). — Conférences populaires.

4036 **Staël** (Mᵐᵉ de). — De l'Allemagne.

1911 **Stahl** (P.-J.). — De l'Amour et de la Jalousie.

3456 **Stapfer** (Paul). — Gœthe et ses Deux Chefs-d'Œuvre classiques.

3445 — Shakespeare et les Tragiques grecs.

1285 **Sterne.** — Voyage sentimental.

VI

ROMANS FRANÇAIS ET ÉTRANGERS

3217 **About** (Edmond). — Le Cas de M. Guérin.
3212 — Germaine.
3215 — L'Homme à l'oreille cassée.
3210 — Madelon.
 516 — Maître Pierre.
3213 — Les Mariages de Paris.
3209 — Les Mariages de province.
3216 — Le Nez d'un notaire.
 517 — Le Roi des montagnes.
2734 — Le Roman d'un brave homme.
3211 — Tolla.
3214 — Trente et Quarante. — Sans dot. — Les Parents de Bernard.
3012 — La Vieille Roche (1ʳᵉ partie) : le Mari imprévu. 3 vol.
3014 — La Vieille Roche (3ᵐᵉ partie) : le Marquis de Lanrose. 3 vol.
3013 — La Vieille Roche (2ᵐᵉ partie) : Les Vacances de la comtesse. 3 vol.
1058 **Achard** (Amédée). — Belle-Rose.
1075 — La Cape et l'Épée.
1056 — La Chasse royale. 2 vol.
1085 — Les Coups d'épée de M. de la Guerche.
1062 — Droit au but.
1063 — Le Duc de Carlepont.
1072 — L'Eau qui dort.
1087 — Envers et Contre tous.
1066 — La Famille Aubernin.
1067 — Les Filles de Jephté.
1077 — Histoire d'un homme.

1065 **Achard** (Amédée). — Le Livre à serrure.
1073 — Madame de Villerxel.
1064 — Madame Rose.
1088 — Maurice de Treuil.
1076 — Nelly.
1071 — Noir et Blanc.
1074 — L'Ombre de Ludovic.
1079 — Parisiennes et Provinciales.
1092 — Les Petites-Filles d'Eve.
1091 — Les Petits-Fils de Lovelace.
1061 — Le Rêve de Gilberte.
1086 — Les Rêveurs de Paris.
1060 — La Robe de Nessus.
1082 — Le Roi de cœur.
1069 — La Trésorière.
3516 **Aimard** (Gustave). — Les Aventuriers.
2918 — Les Bisons blancs.
3518 — Les Bohêmes de la mer.
3519 — Le Chercheur de pistes.
3520 — L'Eclaireur.
3521 — Les Pirates des prairies.
3522 — Le Roi des placers d'or.
3517 — Les Titans de la mer.
3004 — Les Trappeurs de l'Arkansas.
3684 **Ajac** (Marie d'). — Tante Laure.
2887 **Assollant** (Alfred). — La Chasse aux lions.
2891 — Deux Amis en 1792.
 509 — François Buchamor.
2888 — Hyacinthe.
1833 — Marcomir.
2890 — Un Mariage au couvent.
 575 — Un Quaker à Paris.
2886 — Rachel.
2889 — Une Ville de garnison.
1820 **Aston** (Georges). — L'Ami Kips.
 641 **Auerbach**. — Nouvelles villageoises de la Forêt-
      Noire.
1834 **Babou** (Hippolyte). — Les Païens innocents.
3679 **Baissac** (Ch.). — Récits créoles.
2187 **Balzac** (de). — Argow le Pirate.
2142 — Béatrix.
2172 — Catherine de Médicis.

2144 **Balzac** (de). — Ursule Mirouët.

2186 — Le Vicaire des Ardennes.

1332 **Banville** (Théodore de). — Esquisses parisiennes.

1286 — La Vie d'une comédienne.

633 **Beechers-Stowe** (Mistress). — La Case de
l'oncle Tom.

3523 **Belot** (Adolphe). — L'Article 47.

3526 — Le Secret terrible.

2707 **Bentzon** (Th.). — La Grande Saulière.

2708 — La Petite Perle.

2724 — Récits de tous les pays. 2 vol.

3680 **Bergsoë** (Guillaume). — Pillone. — L'Amphi-
théâtre des Flaviens.

366 **Bernardin de Saint-Pierre.** — Paul et Virginie.

1026 **Bersier** (Mᵐᵉ Eugène). — La Bonne Guerre.

2788 — Le Petit Duc.

2686 **Berthet** (Elie). — Antonia.

1244 — La Bastide rouge.

2898 — Les Cagnards de l'Hôtel-Dieu.

2900 — Le Crime de Pierrefitte.

1243 — Le Dernier Irlandais.

2685 — La Dernière Vendetta.

863 — Les Houilleurs de Polignies.

2786 — Le Pacte de famine.

2899 — Richard le Fauconnier.

1242 — La Roche tremblante.

3937 **Biart** (Lucien). — Benito Vasquez.

3936 — Le Bizco.

3816 — Le Fleuve d'or.

3814 — Le Pensativo.

3815 — Le Roi des prairies.

577 **Billaudel.** — Le Reliquaire des Hautecloche.

1799 **Blandy** (S.). — La Dernière Chanson.

2349 — Le Petit Roi.

1798 — Le Procès de l'absent.

2902 **Boisgobey** (F. du). — Le Coup de pouce.

4130 **Bourget** (Paul). — Un Cœur de femme.

4224 — Le Disciple.

4225 — La Terre promise.

1745 **Bouvier** (Alexis). — Gaulot le garde-chasse.

2361 **Bremer** (Frederika). — Les Filles du président.

3056 **Cooper.** — Mœurs du jour.
3043 — Le Paquebot.
587 — Le Pilote.
578 — Les Pionniers.
3052 — Le Porte-Chaîne.
585 — La Prairie.
3036 — Précaution.
580 — Les Puritains.
3053 — Ravensnest.
3051 — Satanstoë.
579 — Le Tueur de daims.
3050 — Wyandotté.
4069 **Crawford** (F. Marion). — Monsieur Isaacs.
629 **Cummins** (Miss). — L'Allumeur de réverbères.
3648 **Daryl** (Philippe). — En yacht.
3649 — Signe Meltroë.
3202 **Daudet** (Alphonse). — Aventures de Tartarin de Tarascon.
4229 — La Belle Nivernaise : histoire d'un bateau et de son équipage.
1342 — Contes du lundi.
3204 — L'Evangéliste.
1343 — Fromont jeune et Risler aîné.
3533 — L'Immortel.
2859 — Jack.
1341 — Le Nabab.
3201 — Numa Roumestan.
3200 — Le Petit Chose.
4011 — Port Tarascon.
3203 — Robert Helmont.
1340 — Les Rois en exil.
4100 — Rose et Ninette.
3836 — Tartarin sur les Alpes.
4013 **Delpit** (Albert). — Comme dans la vie.
567 **Dépret.** — Mémoires de n'importe qui.
2815 **Deslys** (Ch.). — La Balle d'Iéna.
2813 — Maître Guillaume.
614 **Dickens** (Charles). — Aventures de M. Pickwick. 2 vol.
3625 — Barnabé Rudge. 2 vol.
604 — Bleak-House. 2 vol.
613 — Contes de Noël.

2375 **Dickens** (Ch.). — Contes pour le jour des Rois.

611 — David Copperfield. 2 vol.

608 — Dombey et fils. 2 vol.

2563 — Le Marchand d'antiquités.

3471 -- Olivier Twist.

3627 — La Petite Dorrit. 2 vol.

3628 — Les Temps difficiles.

3626 — Vie et Aventures de Martin Chuzzlewitz. 2 vol.

606 — Vie et Aventures de Nicolas Nickleby. 2 vol.

3197 **Dickens** et **Collins** (Wilkie). — L'Abîme.

1446 **Diderot.** — Contes et Romans. 3 vol.

3845 **Dostoiewski.** — Le Crime et le Châtiment. 2 vol.

3844 — Humiliés et Offensés.

3229 **Droz** (Gustave). — Autour d'une source.

3230 — Babolain.

3227 — Le Cahier bleu de Mlle Cibot.

3228 — Entre nous.

4128 — Les Etangs.

1748 — Monsieur, Madame et Bébé.

2910 **Du Casse** (Hermann). — Chien de métier.

2201 **Dumas** (Alexandre). — Acté.

3277 — Amaury.

3345 — Ange Pitou. 2 vol.

3347 — Ascanio. 2 vol.

3291 — Une Aventure d'amour.

3278 — Aventures de John Davis. 2 vol.

3313 — Le Bâtard de Mauléon. 3 vol.

3292 — Black.

3293 — Les Blancs et les Bleus. 3 vol.

3315 — La Boule de neige.

2211 — Un Cadet de famille. 3 vol.

3272 — Le Capitaine Pamphile.

3273 — Le Capitaine Paul.

3274 — Le Capitaine Rhino.

3312 — Le Capitaine Richard.

3318 — Catherine Blum.

3335 — Cécile.

3337 — Le Chasseur de Sauvagine.

3338 — Le Château d'Eppstein. 2 vol.

3321 **Dumas** (Alex.).—Le Chevalier d'Harmental. 2 v.
3346 — Le Chevalier de Maison-Rouge. 2 vol.
3331 — Le Collier de la reine. 3 vol.
3311 — La Colombe.
3320 — Les Compagnons de Jéhu. 3 vol.
2217 — Le Comte de Montet-Cristo. 6 vol.
2191 — La Comtesse de Charny. 6 vol.
3268 — La Comtesse de Salisbury. 2 vol.
3275 — Les Confessions de la marquise. 2 vol.
3356 — Conscience l'Innocent. 2 vol.
3342 — La Dame de Monsoreau. 3 vol.
3343 — La Dame de volupté. 2 vol.
3276 — Les Deux Diane. 3 vol.
3327 — Les Deux Reines. 2 vol.
3316 — Dieu dispose. 2 vol.
3317 — Le Docteur mystérieux. 2 vol.
3328 — Les Drames galants : la Marquise d'Es-
      comans. 2 vol.
3280 — Emma Lyonna. 5 vol.
3332 — La Femme au collier de velours.
3333 — Fernande.
3334 — La Fille du marquis. 2 vol.
3281 — Une Fille du régent.
3264 — Le Fils du forçat.
2203 — Les Frères Corses.
3265 — Gabriel Lambert.
3285 — Georges.
3286 — Un Gil Blas en Californie.
3349 — La Guerre des femmes. 2 vol.
3260 — Les Hommes de fer.
3261 — L'Horoscope.
3262 — L'Ile de feu. 2 vol.
3339 — Ingénu. 2 vol.
3367 — Isaac Laquedem. 2 vol.
3254 — Isabelle de Bavière. 2 vol.
3255 — Jacquot sans oreilles.
3284 — Jane.
2204 — Jacques Ortis.
3259 — Jehanne la Pucelle.
3330 — Joseph Balsamo. 5 vol.
3325 — Les Louves de Machecoul. 3 vol.
2197 — Madame de Chamblay. 2 vol.

3340 **Dumas** (Alex.) — La Maison de glace. 2 vol.
2202 — Le Maître d'armes.
3282 — Les Mariages du père Olifus.
3257 — Mémoires d'une aveugle. 2 vol.
3258 — Le Meneur de loups.
2200 — Les Mille et un Fantômes.
2237 — Les Mohicans de Paris. 4 vol.
3308 — Une Nuit à Florence.
3341 — Olympe de Clèves. 3 vol.
3290 — Le Page du duc de Savoie. 2 vol.
3374 — Parisiens et Provinciaux. 2 vol.
3307 — Le Pasteur d'Ashbourn. 2 vol.
3306 — Pauline et Pascal Bruno.
3294 — Un Pays inconnu.
3296 — Le Père la Ruine.
3326 — Le Prince des voleurs. 2 vol.
3310 — La Princesse Flora.
3304 — La Princesse de Monaco. 2 vol.
2214 — Les Quarante-cinq. 3 vol.
2209 — La Reine Margot. 2 vol.
3297 — Robin Hood le Proscrit. 2 vol.
3299 — Le Saltéador.
3178 — Salvator (suite et fin des Mohicans de Paris). 5 vol.
3354 — La San-Felice. 4 vol.
3373 — Souvenirs d'Antony.
3368 — Souvenirs d'une favorite. 4 vol.
3370 — Sultanetta.
3371 — Sylvandire.
2207 — La Terreur prussienne. 2 vol.
3350 — Le Testament de M. Chauvelin.
2224 — Les Trois Mousquetaires. 2 vol.
3351 — Le Trou de l'enfer.
3353 — La Tulipe noire.
3352 — Le Vicomte de Bragelonne. 6 vol.
2225 — Vingt Ans après. 3 vol.
3384 **Dumas fils** (Alexandre). — Affaire Clémenceau.
3301 — Antonine.
3302 — Aventures de quatre femmes et d'un perroquet.
3303 — La Boîte d'argent.

3382 **Dumas fils** (Alex.). — La Dame aux camélias.
3377 — La Dame aux perles.
3378 — Diane de Lys.
3379 — Le Docteur Servans.
3380 — Le Régent Mustel.
3381 — Le Roman d'une femme.
3344 — Sophie Printemps.
3386 — Thérèse.
3383 — Tristan le Roux.
3375 — Trois Hommes forts.
3376 — La Vie à vingt ans.
2423 **Edgeworth** (Miss). — Demain.
1159 **Eliot** (Georges). — Adam Bede. 2 vol.
1008 — Romola ou Florence et Savonarole. 2 vol.
1374 — Silas Marner, le tisserand de Raveloe.
2511 **Elzéar** (Pierre). — Jack Tempête.
1747 **Enault** (Etienne). — Gabrielle de Célestange.
453 **Erckmann-Chatrian**. — L'Ami Fritz.
449 — Le Blocus.
469 — Le Brigadier Frédéric.
462 — Une Campagne en Kabylie.
465 — Confidences d'un joueur·de clarinette.
446 — Le Conscrit de 1813.
444 — Contes de la montagne.
464 — Contes des bords du Rhin.
461 — Contes fantastiques.
463 — Contes populaires.
472 — Contes vosgiens.
451 — Les Deux Frères.
455 — Le Fou Yégof.
470 — Histoire d'un homme du peuple.
456 — Histoire d'un paysan. 4 vol.
    I. 1789. Les États généraux.
    II. 1792. — La Patrie en danger.
    III. 1793. — L'an Ier de la République.
    IV. 1794-1815. — Le Citoyen Bonaparte.
454 — Histoire d'un sous-maître.
447 — Histoire du plébiscite.
450 — L'Illustre Docteur Mathéus.
468 — Madame Thérèse.
460 — La Maison forestière.
466 — Maître Daniel Rock.

452 **Erckmann-Chatrian.** — Maître Gaspard Fix.

471 — Souvenirs d'un ancien chef de chantier.

445 — Waterloo.

2921 **Esquiros** (Alph.). — Le Château enchanté.

2927 **Expilly** (Charles). — Les Aventures du capitaine Cayol.

4034 **Fabre** (Ferdinand). — L'Abbé Tigrane.

4060 — Les Courbezon.

3462 — Mon Oncle Célestin.

2818 **Farine** (Charles). — Jocrisse soldat.

2377 **Ferry** (Gabriel). — Aventures du capitaine Ru-
perto Castanos au Mexique.

552 — Le Coureur des bois.

554 — Scènes de la vie sauvage au Mexique.

3187 **Feuillet** (Octave). — Les Amours de Philippe.

3191 — Bellah.

3189 — Histoire de Sibylle.

3190 — Le Journal d'une femme.

3192 — Julia de Trécœur.

3184 — Un Mariage dans le monde.

3188 — Monsieur de Camors.

3185 — La Petite Comtesse.

3186 — Le Roman d'un jeune homme pauvre.

2883 **Féval** (Paul). — Le Bossu. 2 vol.

2393 **Fiévée.** — Le Sergent d'Armagnac.

538 **Figuier** (Mme Louis). — Le Gardien de la Ca-
margue.

4061 **Flaubert** (Gustave). — Éducation sentimentale.

2871 — Madame Bovary.

1843 — Salammbô.

1845 — Trois Contes.

1552 **Florian.** — Galatée. — Estelle.

1561 — Gonzalve de Cordoue. 2 vol.

636 **Foë** (Daniel de). — Robinson Crusoé.

1474 — Robinson Crusoé. 4 vol.

3966 **France** (Anatole). — Balthazar.

3565 — Le Crime de Sylvestre Bonnard.

4187 — L'Etui de nacre.

3566 — Le Livre de mon ami.

4188 — La Rôtisserie de la reine Pedauque.

3967 — Thaïs.

4232 **Fromentin** (Eugène). — Dominique.

4.

3511 **Gaboriau** (Emile). — L'Affaire Lerouge.

3512 — La Corde au cou.

3513 — Le Crime d'Orcival.

3514 — Le Dossier n° 13.

2881 — Les Gens de bureau.

3515 — Le Petit Vieux des Batignolles.

2858 — La Vie infernale. 2 vol.

2882 **Gagneur**. — Les Vierges russes.

2591 **Galland**. — Les Mille et une Nuits. 2 vol.

2373 **Gandon** (Antoine). — Le Grand Godard.

2374 — Les Trente-deux Duels de Jean Gigon.

2857 **Gautier** (Judith). — L'Usurpateur. 2 vol.

1333 **Gautier** (Théophile). — Le Capitaine Fracasse. 2 vol.

1334 — Nouvelles.

3237 — Le Roman de la momie.

1292 **Gay** (Sophie). — Anatole.

1306 — Le Comte de Guiche.

1299 — La Comtesse d'Egmont.

1298 — La Duchesse de Châteauroux.

1289 — Ellénore. 2 vol.

1293 — Le Faux Frère.

1294 — Laure d'Esteil.

1297 — Léonie de Montbreuse.

1305 — Les Malheurs d'un amant heureux.

1300 — Un Mariage sous l'Empire.

1303 — Le Mari confident.

1304 — Marie de Mancini.

1296 — Marie-Louise d'Orléans.

1291 — Le Moqueur amoureux.

1295 — Souvenirs d'une vieille femme.

1274 **Girardin** (Mme Emile de). — La Canne de M. de Balzac.

1271 — Il ne faut pas jouer avec la douleur.

1273 — Le Lorgnon.

1272 — Marguerite ou Deux Amours.

1277 — Le Marquis de Pontanges.

1276 — Nouvelles.

3568 **Glouvet** (Jules de). — Le Berger.

2106 **Gœthe**. — Wilhelm Meister. 2 vol.

1009 **Gogol** (Nicolas). — Les Ames mortes. 2 vol.

4212 — Carass Boulba.

631 **Goldsmith**. — Le Vicaire de Wakefield.

1971 **Goncourt** (Edmond et Jules de). — Madame
 Gervaisais.

1842 — Renée Mauperin.

2893 **Gonzalès** (Emm.). — Les Mémoires d'un ange.
 2 vol.

2892 — Les Sept Baisers de Buckingham.

2911 — La Vierge de l'Opéra.

2448 **Gotthelf** (Jerémias). — Ulric le Fermier.

2447 — Ulric le Valet de ferme.

4032 **Gozlan** (Léon). — Aristide Froissart.

2376 — Les Emotions de Polydore Marasquin.

1095 **Gréville** (Henri). — L'Amie.

1039 — Ariadne.

1094 — Bonne Marie.

3459 — Dosia.

1037 — L'Expiation de Savéli.

3017 — Louis Breuil : Histoire d'un pantouflard.

1038 — La Maison de Maurèze.

1036 — La Niania.

3460 — Sonia.

1994 — Suzanne Normis.

1040 — Un Violon russe. 2 vol.

1800 **Guerrier de Haupt** (Mme). — Le Bonheur et
 l'Argent.

765 — Marthe.

1851 **Guillemot** (G.). — Le Roman d'une bourgeoise.

4085 **Guillemot** (Jules). — Florimond, grand premier rôle.

3218 **Halévy** (Ludovic). — L'Abbé Constantin.

3569 — Criquette.

2884 **Henty**. — Dans les pampas.

1313 **Hervilly** (Ernest d'). — Histoires divertis-
 santes.

1312 — Mesdames les Parisiennes.

2925 — Timbale d'histoires à la Parisienne.

386 **Hoffmann** (E.-T.-W.). — Contes fantastiques.

4113 — Fantaisies dans la manière de Callot.

1625 **Hugo** (Victor). — Bug-Jargal. — Le Dernier
 Jour d'un condamné. — Claude Gueux.

1626 — Han d'Islande. 2 vol.

1598 — L'Homme qui rit. 2 vol.

3076 **Hugo** (Victor). — Les Misérables. 8 vol.

1643 — Notre-Dame de Paris. 2 vol.

1602 — Quatre-vingt-treize. 2 vol.

1621 — Les Travailleurs de la mer. 2 vol.

638 **Immermann.** — Les Paysans de Westphalie.

3973 **Jacob** (le bibliophile) (Paul Lacroix). — Le Dieu Pepetius, roman archéologique.

561 **Joliet** (Charles). — Les Romans patriotiques.

2834 **Joret-Desclozières.** — Histoire d'un jeune détenu.

2514 **Julia** (Alfred). — Le Csikos.

1119 **Karr** (Alphonse). — Agathe et Cécile.

1120 — Le Chemin le plus court.

1122 — Clotilde.

1111 — Contes et Nouvelles.

1123 — Fa dièze.

522 — La Famille Alain.

523 — Histoire de Jean Duchemin.

1113 — Midi à quatorze heures.

1104 — Sous les tilleuls.

1125 — Une Heure trop tard.

2603 **Laboulaye** (Edouard). — Abdalah, conte arabe.

2817 — Contes et Nouvelles.

2913 **Lafayette** (Mme de). — La Princesse de Clèves.

3812 **Lamartine** (A. de). — Graziella.

369 — Le Tailleur de pierres de Saint-Point.

3000 **Landelle** (G. de la). — La Gorgone.

2916 **Lapointe.** — La Chasse aux fantômes.

574 — La Comtesse Jeanne.

2384 — Les Rivalités.

1944 **Laroudé** (Philippe). — Mademoiselle d'Espalbère.

2942 **Lavergne** (Alex. de). — Les Demoiselles de Saint-Denis.

3864 **Lelion-Damiens** (Lucien-Elie). — Le Casseur de pierres.

3863 — Madame Louise.

3862 — Nouvelles.

4238 **Lemaître** (Jules). — Les Rois.

564 **Léo** (André). — Aline Ali.

1967 — Un Divorce.

1469 **Le Sage.** — Le Bachelier de Salamanque. 2 vol.

1416 **Le Sage**. — Gil Blas de Santillane. 5 vol.

1471 — Le Diable boiteux. 2 vol.

4179 **Loti** (Pierre). — Aziyadé.

4181 — Fantôme d'Orient.

4039 — Mon Frère Yves.

4075 — Le Mariage de Loti.

4040 — Pêcheur d'Islande.

4186 — Le Roman d'un spahi.

1553 **Maistre** (Xavier de). — Les Prisonniers du Caucase.

571 **Mallefille**. — La Confession du gaucho.

3528 **Malot** (Hector). — Une Belle-Mère.

3529 — Le Docteur Claude. 2 vol.

3552 — Le Lieutenant Bonnet.

3530 — Un Mariage sous le second Empire.

3527 — Mondaine.

3015 — La Petite Sœur. 2 vol.

3551 — Le Sang bleu.

576 **Mancel**. — La Vie à grandes guides.

507 **Manzoni**. — Les Fiancés.

1795 **Marcel** (Etienne). — Les Aventures d'André.

3728 — Elle et Moi. — La Vengeance d'une reine.

1797 — La Future du baron Jean.

3729 — L'Héritière.

3730 — Un Monarque au violon. — Les Cloches de Spire.

1796 — Pile ou Face.

2362 **Maréchal** (D^lle Marie). — Béatrix.

1790 — L'Hôtel Woronzoff.

2809 — L'Institutrice à Berlin.

1788 — Madeleine Green et la Nièce du président.

1789 — Un Mariage à l'étranger.

1787 — La Roche noire.

1662 **Marlitt** (E.). — Barbe-Bleue. — Variétés.

1658 — Chez le conseiller. 2 vol.

1825 — Élisabeth. 2 vol.

1665 — Gisèle. 2 vol.

1667 — La Maison Schilling. 2 vol.

1655 — La Petite Princesse des bruyères. 2 **vol.**

1663 — La Seconde Femme. 2 vol.

1669 — Le Secret de la vieille demoiselle. 2 vol.

1793 **Maryan**. — L'Héritage de Paule.

1255 **Méry** (J.). — Les Deux Amazones.
4041 — La Floride.
3174 — La Guerre du Nizam.
4042 — Heva.
1265 — Marthe la Blanchisseuse.
1258 — Les Nuits anglaises.
1257 — Les Nuits espagnoles.
1254 — Les Nuits parisiennes.
1261 — Le Transporté.
1259 — La Vie fantastique.
1278 **Mirecourt** (Eugène de). — Confessions de Marion Delorme. 3 vol.
1281 — Confessions de Ninon de Lenclos. 3 vol.
1284 — Le Fou par amour.
861 **Mirval** (de). — Le Robinson des sables du désert.
3688 **Montet** (Joseph). — Contes patriotiques.
4216 **Mouton** (Eugène). — Joël Kerbabu.
3677 — Voyages et Aventures du capitaine Marius Cougourdan.
2819 **Muller** (Eugène). — Scènes villageoises.
1053 **Murger** (Henry). — Les Buveurs d'eau.
1051 — Le Dernier Rendez-vous.
1044 — Dona Sirène.
1043 — Madame Olympe.
1052 — Le Pays latin.
1050 — Le Roman de toutes les femmes.
1048 — Les Roueries de l'ingénue.
1055 — Le Sabot rouge.
1054 — Scènes de la vie de bohême.
1046 — Scènes de la vie de campagne.
1047 — Scènes de la vie de jeunesse.
1045 — Les Vacances de Camille.
1330 **Musset** (Alfred de). — La Confession d'un enfant du siècle.
1329 — Contes.
1326 — Nouvelles.
1316 **Musset** (Paul de). — Histoire de trois maniaques.
2508 **Narjoux**. — L'Aventure de William Knobbs.
2814 **Navery** (Raoul de). — L'Odyssée d'Antoine.
2810 — Les Robinsons de Paris.

1324 **Nodier** (Charles). — Contes fantastiques.

1323 — Contes de la veillée.

1325 — Nouvelles.

1321 — Romans.

4023 **Ohnet** (Georges). — L'Ame de Pierre.

3235 — La Comtesse Sarah.

3841 — Les Dames de Croix-Mort.

3927 — Dernier Amour.

4141 — Delte de haine.

557 — Le Docteur Rameau.

3678 — La Grande Marnière.

3236 — Lise Fleuron.

3234 — Le Maître de forges.

4231 — Nemrod et Cᵉ.

3233 — Serge Panine.

1986 — Noir et Rose.

556 — Volonté.

1236 **Poë** (Edgar). — Histoires extraordinaires.

1238 — Histoires grotesques et sérieuses.

1237 — Nouvelles Histoires extraordinaires.

563 **Ponson du Terrail**. — Diane de Lancy.

2919 **Pothey** (Alexandre). — La Muette.

632 **Pouschkine** (Alexandre). — La Fille du capitaire.

1502 **Prévost**. — Manon Lescaut.

1778 **Raymond** (Emmeline). — Aide-toi, le ciel t'aidera.

1781 — A quelque chose malheur est bon.

1775 — Histoire d'une famille. — Mélanges.

1774 — Journal d'une jeune fille pauvre.

1782 — Un Ménage parisien.

1784 — La Plus Heureuse de la famille.

1776 — Les Rêves dangereux.

1940 **Révillon** (Tony). — Le Faubourg Saint-Antoine.

2681 **Richebourg** (E.). — Contes du printemps. 3 vol.

3532 **Rivière** (Henri). — Pierrot. — Caïn. — L'Envoûtement.

3685 **Robert-Halt** (Marie). — Histoire d'un petit homme.

3686 — La petite Lazare.

2704 **Rompert** (Léopold). — Nouvelles juives.
2831 **Ropartz** (S.). — Récits bretons.
1457 **Rousseau** (J.-J.). — La Nouvelle Héloïse, 5 vol.
1307 **Saint-Germain** (J.-T. de). — Contes et Légendes
     2 vol.
 368 **Saintine.** — Picciola.
2730 — Seul!
2385 **Saint-Jean** (comte de). — Michel Marion.
2509 **Samanos.** — Le Péché de la veuve.
2250 **Sand** (George). — Adriani.
2256 — Les Amours de l'âge d'or.
3436 — André.
3409 — Antonia.
3425 — Les Beaux Messieurs de Bois-Doré. 2 vol.
3408 — Césarine Diétrich.
2246 — Le Château des Désertes.
1096 — Les Compagnons du tour de France. 2 vol.
1098 — La Comtesse de Rudolstadt. 2 vol.
2917 — La Confession d'une jeune fille. 2 vol.
2261 — Constance Verrier.
1100 — Consuelo. 3 vol.
2199 — Les Dames vertes.
3426 — La Daniella. 2 vol.
3427 — La Dernière Aldini.
3392 — Le Dernier Amour.
3416 — Les Deux Frères.
2263 — Elle et Lui.
3390 — La Famille de Germandre.
3429 — La Filleule.
2267 — Flamarande.
3430 — Flavie.
3391 — Francia.
 520 — François le Champi.
3412 — Un Hiver à Majorque.
3431 — L'Homme de neige. 3 vol.
3437 — Horace.
2266 — Indiana.
2248 — Isidora.
3400 — Jacques.
2264 — Jean de la Roche.
3420 — Jeanne.
2245 — Laura.

3059 **Scott** (Walter). — Aventures de Nigel.
3447 — Charles le Téméraire.
3057 — Le Château dangereux.
3063 — Les Chroniques de la Canongate.
596 — Le Connétable de Chester.
595 — La Fiancée de Lamermoor.
3064 — Les Fiancés.
602 — Guy Mannering.
589 — Ivanhoé.
594 — La Jolie Fille de Perth.
592 — Kenilworth.
588 — Le Monastère.
3065 — Le Nain noir.
3061 — Péveril du Pic.
591 — Le Pirate.
600 — La Prison d'Edimbourg.
601 — Quentin Durward.
590 — Redgauntlet.
598 — Richard en Palestine.
3066 — Robert de Paris.
597 — Rob-Roy.
603 — Waverley.
3058 — Woodstock.
568 **Selden** (Camille). — Daniel Vlady.
3176 **Soulié** (Frédéric). — Confessions générales. 2 vol.
3175 — Le Lion amoureux.
3177 — Les Mémoires du diable. 3 vol.
531 **Souvestre** (Emile). — Au Coin du feu.
127 — Confessions d'un ouvrier.
528 — Pendant la moisson.
775 — Récits et Souvenirs.
777 — Les Soirées de Meudon.
530 — Sous les filets.
525 — Sous la tonnelle.
1319 **Staël** (Mme de). — Corinne ou l'Italie.
1318 — Delphine.
1235 **Stendahl** (de). — L'Abbesse de Castro.
1229 — Armance.
1737 — La Chartreuse de Parme.
1227 — Le Rouge et le Noir. 2 vol.
1531 **Sterne**. — Vie et Opinions de Tristram Shandy.
4 vol.

3510 **Suë** (Eugène). — Le Juif errant. 4 vol.

3509 — Les Mystères de Paris. 2 vol.

 739 — Les Mystères du peuple. 2 vol.

 569 — Plik et Plok. — Atar-Gull.

3196 **Thackeray**. — La Foire aux vanités. 2 vol.

1011 — Le Livre des snobs.

1794 **Thackeray** (Miss Anna). — Le Roman d'Élisabeth.

4131 **Theuriet** (André). — Amour d'automne.

4199 — Chanoinesse.

4037 — Madame Heurteloup.

1987 — La Maison des deux barbeaux. — Le Sang des Finoël.

4230 — Le Mariage de Gérard.

4132 — L'Oncle Scipion.

3556 — Raymonde.

4015 — Sauvageonne.

3555 — Tante Aurélie.

3974 **Tissot** (André). — Les Conteurs amusants.

2853 **Tnadlam**. — Aventures surprenantes d'Isidore Brunet.

3801 **Tolstoï** (comte Léon). — Anna Karénine. 2 vol.

3803 — Les Cosaques.

3802 — La Guerre et la Paix. 3 vol.

 637 **Töppffer**. — Nouvelles genevoises.

 800 — Le Presbytère.

 511 — Rosa et Gertrude.

3652 **Tourgueneff** (Ivan). — Fumée.

3653 — Une Nichée de gentilshommes.

3656 — OEuvres dernières.

3557 — Pères et Enfants.

3654 — Terres vierges.

3506 **Toussaint-Nigoul**. — Isabelle Ducos.

3823 **Verne** (Jules). — L'Archipel en feu.

 474 — Autour de la lune.

 475 — Aventures du capitaine Hatteras : les Anglais au pôle nord.

 476 — Aventures du capitaine Hatteras : le Désert de glace.

1346 — Aventures du capitaine Hatteras : les Anglais au pôle nord. — Le Désert de glace (illustré).

VII

ENSEIGNEMENT — PÉDAGOGIE

2388 **Mouchon**. — Un Collège en plein soleil.

1679 **Mougeol** (Alphonse). — Contes, Paraboles, Anecdotes et Traits d'histoire.

3640 **Pape-Carpantier** (Mme). — Histoires et Leçons de choses.

3641 — Nouvelles Histoires et Leçons de choses.

3473 **Pascal** (Edm.). — Le Livre de l'élève soldat.

3940 **Petit** (Édouard). — Alentour de l'école.

4051 — L'École moderne.

3642 **Pichard** (A.-E.). — Nouveau Code de l'instruction primaire.

1677 **Poitevin** (M.-P.). — Cours théorique et pratique de langue française.

1913 **Pompée** (P.-H.). — Études sur l'éducation professionnelle en France.

3976 **Prévost-Delaunay**.—Sténographie populaire.

1779 **Raymond** (Emmeline). — La Bonne Ménagère.

1777 — La Civilité non puérile mais honnête.

3643 **Rendu** (Eugène). — Manuel de l'enseignement primaire.

1678 **Riquier** (A.) et **Combes** (l'abbé). — Cours complet d'instruction élémentaire.

2785 **Roche** (Antonin). — Synonymes français.

2000 **Rousselot** (Paul). — Leçons de choses et Lectures.

2754 — Pédagogie : Enseignement primaire.

1743 **Rouzé** et **Leclair**.—Grammaire française.

2668 **Rozan** (Ch.). — A Travers les mots.

2667 — Petites Ignorances de la conversation.

1676 **Saint-Germain** (L.), **Richez** (E.) et **Charles** (A.). Nouvelle Grammaire française.

948 **Sardan**. — Dessin linéaire géométrique.

2298 **Schéfer** (Mme G.). — Méthode de coupe et d'assemblage pour robes de femmes et vêtements d'enfants.

3880 **Schmit** (Henri). — L'Organisation de l'enseignement primaire.

2005 **Sée** (Camille). — La Loi Camille Sée.

121 **Simon** (Jules).—L'École.

3249 **Steeg** (Jules). — Instruction morale et civique.

3588 **Thomas** (Jean) et **Guérin** (Alexis). — Cours d'instruction civique.

VIII

SCIENCES MATHÉMATIQUES

2291 **Amiot.** — Éléments de géométrie. 2 vol.

3780 —˙ Leçons nouvelles d'algèbre.

2323 **Blanchet.** — Les Éléments de géométrie.

3020 **Bos** (H.). — Arithmétique élémentaire.

2295 **Bouque** et **Briouque.** — Leçons de trigonométrie.

179 **Bovier-Lapierre.** — Traité d'arithmétique commerciale.

2293 **Briot.** — Leçons d'algèbre. 2 vol.

3779 — Leçons d'arithmétique.

3980 **Briot** (Ch.) et **Vacquant** (Ch.). — Arpentage, Levée des plans et Nivellement.

2295 **Briouque** et **Bouque.** — Leçons de trigonométrie.

2560 **Brothier.** — Causeries sur la mécanique.

2299 **Comberousse** (Ch. de). — Cours de mathématiques. 3 vol.

2018 **Delaunay** (Ch.). — Cours élémentaire de mécanique théorique et appliquée.

2617 **Demond.** — Pratique du système métrique.

3777 **Dufailly** (J.). — Arithmétique.

2472 **Faucheux** (L.-E.). — Leçons élémentaires d'arithmétique.

1876 **Francon** (J.-A.). — Tarif de cubage des bois équarris et ronds.

215 **Garnier** (Joseph). — Traité complet d'arithmétique.

2612 **Garrigues**. — Le Système métrique.

2649 **Gérardin**. — Cours de mécanique expérimentale.

1981 **Guilmin** (A.).— Éléments d'arithmétique théorique et pratique.

13 **Guiraudet**. — Principes de mécanique.

188 **Hément** (Félix). — Premières Notions de géométrie.

1034 **Hennequin**. — Petit Cours de topographie pratique.

184 **Leclert**.— Vingt Leçons de mécanique usuelle.

1731 **Lonchampt**. — Principes de mécanique générale.

2630 **Pape-Carpantier** (Mme). — Arithmétique, Géométrie appliquée, Système métrique.

4053 **Pierret** (V.-A.). — Horlogerie, Outillage et Mécanique.

1881 **Prugneaux** (E.). — Tarif pour cuber les bois.

3838 **Roguet** (Ch.). — Traité de géométrie. 4 vol.

1878 **Sardan**. — Dessin linéaire géométrique ou Géométrie pratique.

2286 **Sturn**. — Cours de mécanique de l'École polytechnique.

1770 **Tarnier** (E.-A.). — Nouvelle Arithmétique théorique et pratique.

3490 **Tartinville** (A.). — Cours d'arithmétique.

4012 — Théorie des équations et des inéquations du 1er et du 2e degré.

2574 **Vinot**. — Calculs à l'usage des industriels.

1019 **Wachter**. — Atlas élémentaire de topographie.

IX

SCIENCES PHYSIQUES & NATURELLES

X

AGRICULTURE — INDUSTRIE
MÉTIERS ET COMMERCE

3866 **Agostini** (E.). —Rapport au syndicat maritime et fluvial : la France et le Canada.

24 **Barbot** (Charles). — Guide pratique du joaillier.

207 **Barré**.—Cours complet de comptabilité. 3 vol.

3751. **Bepmale**. — Cours de comptabilité industrielle et commerciale.

2931 **Bernardin** et autres. — Le Jardin fleuriste.

2077 **Berthiau** et **Boitard**. — Manuel de l'imprimeur en taille-douce.

2052 **Biston, Hanus** et **Boutereau**.— Manuel du charpentier. 3 vol.

2059 **Blanchard, Perrot**, etc. — Manuel du coloriste.

2595 **Blanchère** (de la). — Les Ravageurs des forêts et des arbres d'alignement.

4001 **Block** (Maurice). — L'Agriculture.

3721 **Bocquet** (J.). — Nouvelle Méthode de filetage.

4195 **Bois** (D.).— — Les Plantes d'appartement et les Plantes de fenêtre.

2077 **Boitard** et **Berthiau**. — Manuel de l'imprimeur en taille-douce.

3977 **Boitel** (Amédée). — Herbages et Prairies naturelles.

2052 **Boutereau, Biston** et **Hanus**.— Manuel du charpentier. 3 vol.

1936 **Demanet.** — Guide du constructeur : Maçonnerie.

1864 **Dupont** (P.). — Histoire de l'imprimerie.

53 **Duval** (Jules). — Notre Pays.

182 **Fabre** (Henri). — Les Auxiliaires : Animaux utiles.

181 — Les Ravageurs : Insectes nuisibles.

180 — Les Serviteurs : Animaux domestiques.

2035 **Fontenelle** (de). — Manuel du bijoutier, joaillier et orfèvre. 2 vol.

2039 — Manuel complet du boulanger. 2 vol.

2049 — Manuel du chamoiseur.

2050 **Fontenelle** (de) et **Cluz.** — Manuel du fabricant de chapeaux.

67 **Frarière** (de). — Les Abeilles et l'Apiculture.

2080 **Frey** (A.). — Manuel de typographie. 2 vol.

2058 **Garnier** (Jean). — Manuel du ciseleur.

2065 **Gillot** (A.) et **Lockert** (L.). — Manuel du fondeur de fer et de cuivre. 2 vol.

3741 **Gruhier** (Charles) et **Chalain** (Louis). — Rapport d'ensemble, pour la délégation ouvrière sur l'Exposition d'Amsterdam en 1883. 2 vol.

84 **Guettier.** — Guide pratique des alliages métalliques.

2052 **Hanus, Boutereau** et **Biston.** — Manuel du charpentier. 3 vol.

145 **Jacque.** — Le Poulailler.

2068 **Janvier, Magnier** et **Lenormand** (S.). — Manuel de l'horloger. 2 vol.

94 **Jaunez.** — Manuel du chauffeur.

144 **Joigneaux.** — Causeries sur l'agriculture et l'horticulture.

151 — Les Champs et les Prés.

143 — Le Jardin potager.

150 — Petite Ecole d'agriculture.

2082 **Julia de Fontenelle** et **Malepeyre** (F.). — Manuel du verrier. 2 vol.

2029 **Jullien** (C.-E.). — Manuel du constructeur de locomotives (texte).

2030 — Manuel du constructeur de locomotives. (atlas).

2055 **Jullien** (E.-C.) et **Valerio**. — Manuel du chaudronnier (texte).

2056 — Manuel du chaudronnier (atlas).

103 — Manuel du serrurier (atlas).

2075 **Lacombe** (M.-S.). — Manuel de la sculpture sur bois.

3724 **Lahr** (Firmin). — Nouveau Guide pratique de l'inventeur.

2503 **Lamarre** — L'Autriche-Hongrie et l'Exposition de 1878.

2496 — La Belgique et l'Exposition de 1878.

2504 — La Chine et le Japon et l'Exposition de 1878.

2505 — L'Espagne et l'Exposition de 1878.

2498 — Les États-Unis et l'Exposition de 1878.

2501 — L'Inde britannique et l'Exposition de 1878.

2497 — La Perse et l'Exposition de 1878.

2499 — La Russie et l'Exposition de 1878.

2502 — La Suède et la Norwège et l'Exposition de 1878.

2500 — La Suisse et l'Exposition de 1878.

148 **Lambertye** (de). — Conseils sur la culture des fleurs en pleine terre et de fenêtre.

149 — Conseils sur les semis et la culture des légumes en pleine terre.

2033 **Landrin** (H.). — Manuel complet du serrurier (texte).

2034 — Manuel complet du serrurier (atlas).

2061 — Manuel du coutelier.

96 — Manuel du maître de forges. 2 vol.

3924 **Léautey** (Eugène) et **Guilbaut** (Adolphe). — La Science des comptes mises à la portée de tous.

2048 **Lebrun**. — Manuel du cartonnier.

2041 — Manuel complet du bourrelier et du sellier.

2051 **Lebrun** et **Maigne**. — Manuel du charcutier, du boucher et de l'équarisseur.

3783 **Leclert** (Emile). — Traité de la comptabilité des ateliers (marine).

2618 **Leguidre**. — Premiers Éléments d'industrie manufacturière.

2074 **Lenormand** (Seb.). — Manuel du relieur.

2068 **Lenormand** (S.), **Janvier** et **Magnier.** — Manuel de l'horloger. 2 vol.

3107 **Lesbazeilles.** — Les Forêts.

2060 **Lionnet** et **Cardelli.** — Manuel du confiseur et du chocolatier.

2065 **Lockert** (L.) et **Gillot** (A.). — Manuel du fondeur de fer et de cuivre.

95 **Lunel** (Dr). — Guide pratique de l'épicerie.

2057 **Magnier** (M.-D.). — Manuel du chaufournier, plâtrier, etc.

3717 — Manuel de la fabrication des huiles minérales.

2068 **Magnier, Lenormand**(S.) et **Janvier.**—Manuel de l'horloger. 2 vol.

2044 **Maigne.** — Manuel complet du fabricant de briquets et d'allumettes.

2046 — Manuel complet du fabricant d'objets en caoutchouc. 2 vol.

100 — Manuel du sommelier.

1828 **Maigne** (M.). — Arts et Manufactures. 3 vol.

1831 **Maigne** (P.). — Histoire de l'industrie.

2062 **Maigne** et **Matthey** (O.). — Manuel de dorure et argenture sur métaux.

2063 **Maigne** et **Nosban.** — Manuel de l'ébénisterie.

2071 — Manuel du menuisier et du layetier. 2 vol.

2051 **Maigne** et **Lebrun.** — Manuel du charcutier, du boucher et de l'équarisseur.

2070 **Maigne** et **Maugin** (J.-C.). — Manuel du luthier.

98 **Malepeyre** (F.). — Manuel du briquetier. 2 vol.

2042 — Manuel complet du brasseur. 2 vol.

2037 — Manuel complet du fabricant de bougies stéariques. 2 vol.

2082 **Malepeyre** (F.) et **Julia de Fontenelle.** — Manuel du verrier. 2 vol.

4232 **Malepeyre, Riffaut, Verguaud** et **Toussaint.** — Manuel du fabricant de couleurs. 2 vol.

1031 **Manteuffel** (baron de). — L'Art de planter.

140 **Mariot-Didieux.** — Guide pratique de l'éducation des lapins.

2062 **Matthey** (O.) et **Maigne**. — Manuel de dorure et d'argenture sur métaux.

2070 **Maugin** (J.-C.) et **Maigne**. — Manuel du luthier.

166 **Méplain** et **Taizy**. — Histoire du grand Jacquet.

3714 **Millet-Robinet** (Mme). — Maison rustique des dames. 2 vol.

2749 **Molinari** (G. de). — La Rue des Nations à l'Exposition de 1878.

4 **Monteil** (Alexis). — Histoire de l'industrie française. 2 vol.

3104 **Moynet**. — L'Envers du théâtre.

2380 **Muller** (E.). — La Boutique du marchand de nouveautés.

3118 **Narjoux** (Félix). — Histoire d'un pont.

2063 **Nosban** et **Maigne**. — Manuel de l'ébénisterie.

2071 — Manuel du menuisier et du layetier. 2 vol.

1930 **Ortolan**. — Guide pratique de l'ouvrier mécanicien (texte).

1931 — Guide pratique de l'ouvrier mécanicien (atlas).

192 **Pape-Carpantier** (Mme). — Histoire du blé.

4142 **Parville** (Henri de). — L'Exposition univer- de 1889.

1015 **Pérez** (J.). — Les Abeilles.

2059 **Perrot, Blanchard**, etc. — Manuel du coloriste.

160 **Poiré** (Paul). — La France industrielle.

1818 — Premières Notions sur l'industrie.

185 — Simples Lectures sur les principales industries.

108 **Prouteaux**. — Guide pratique de la fabrication du papier (texte).

109 — Guide pratique de la fabrication du papier (atlas).

2017 **Ramée** (Daniel). — L'Architecture et la Construction pratique.

154 **Rendu** (Victor). — Les Abeilles.

157 — La Basse-Cour.

2396 **Ribaucourt** (de). — Manuel d'apiculture rationnelle.

2073 **Riffaut, Toussaint** et **Vergnaud.** —Manuel du peintre en bâtiment.

2078 **Riffaut, Vergnaud,** etc. — Manuel du teinturier, apprêteur et dégraisseur. 2 vol.

4234 **Riffaut, Vergnaud, Toussaint** et **Malepeyre.** — Manuel du fabricant de couleurs. 2 vol.

3994 **Rousselet** (Louis). — L'Exposition universelle de 1889.

112 **Sagnier** (Henry). — Cours d'horticulture fruitière et potagère. ◦

89 **Sauzay.** — La Verrerie.

4175 **Serand** (E.). — Le Blé. 2 vol.

166 **Taizy** et **Méplain.** — Histoire du Grand Jacquet.

1769 **Tissandier** (Gaston). — Les Merveilles de la photographie.

1917 **Tonnelier.** — Enquête parlementaire sur l'état de l'industrie houillère en Angleterre. 2 vol.

9 **Touaillon.** — Meunerie, boulangerie, etc.

2023 **Toussaint** (C.-J.). — Coupe des pierres (texte).

2024 — Coupe des pierres (atlas).

2073 **Toussaint, Vergnaud** et **Riffaut.** — Manuel du peintre en bâtiment.

4234 **Toussaint, Malepeyre, Riffaut** et **Vergnaud.** — Manuel du fabricant de couleurs. 2 vol.

2084 **Un loup d'eau douce.** — Manuel du canotier.

2055 **Valerio** et **Jullien.** — Manuel du chaudronnier (texte).

2056 — Manuel du chaudronnier (atlas).

103 — Manuel du serrurier (atlas).

2025 **Valicourt** (E. de). — Manuel complet du tourneur. 4 vol.

183 **Vannier** (Hippolyte). — Premières Notions de commerce et de comptabilité.

56 — Traité des changes et des arbitrages.

216 — Traité pratique des comptes courants.

3782 — Traité de la tenue des livres.

2085 **Vergnaud** (A.-D.). — Manuel d'équitation.

2078 **Vergnaud, Riffaut,** etc. — Manuel du teinturier, apprêteur et dégraisseur, 2 vol.

2073 **Vergnaud, Riffaut** et **Toussaint.** — Manuel du peintre en bâtiments.

4234 **Vergnaud, Toussaint, Malepeyre** et **Riffaut.**
— Manuel du fabricant de couleurs. 2 vol.

2281 **Wynants.** — La Délégation ouvrière libre à
l'Exposition de Philadelphie (1876).

147 **Ypert.** — Guide pour bouturer et greffer.

2076 **Zoéga** (F.). — Manuel du fabricant de sucre et
du raffineur.

3888 *** Conférences sur la science et l'art indus-
triel : Année 1887. (Bibliothèque Forney).

3899 *** Conférences sur la science et l'art indus-
triel : Année 1888. (Bibliothèque Forney).

3922 *** Exposition universelle de 1889 : Section
norvégienne.

3727 *** Rapport d'ensemble de la délégation
ouvrière à l'Exposition d'Anvers (1885).

3882 *** Rapport d'ensemble de la délégation
ouvrière parisienne aux Expositions d'Angleterre en 1886.

XI

SCIENCES MÉDICALES — HYGIÈNE

2777 **Argy** (d'). — De la Natation dans l'armée.

1032 **Babault** (Dr). — La Chirurgie du foyer.

3492 **Barthélemy**. — Le Médecin des enfants.

1958 **Bouley**. — La Rage, Moyens d'en éviter les dangers.

25 **Cadet**. — La Crémation.

4177 **Cornet** (Dr Paul). — L'Art d'administrer les médicaments aux enfants.

3105 **Depping** (Guillaume). — Merveilles de la force et de l'adresse.

2750 **Donné**. — Conseils aux mères.

3666 **Dubarry** (Armand). — Le Boire et le Manger.

841 **Fonssagrives**. — Entretiens sur l'hygiène.

2735 — La Maison.

840 — Le Rôle des mères dans les maladies des enfants.

1761 **Gaffard d'Aurillac**. — Du Tabac, son Histoire, etc.

178 **George** (Hector). — Leçons d'hygiène.

2011 **Hufeland** (W.), — L'Art de prolonger la vie.

843 **Jolly** (Dr Paul). — Le Tabac et l'Absinthe.

2697 **Lenoël** (Louis). — Traité de gymnastique.

3115 **Le Pileur**. — Le Corps humain.

6 **Lorain** (Dr). — Jenner et la Vaccine.

3923 **Manérini** (David). — Traité sur l'alimentation.

3010 **Martin** et **Napias**. — L'Etude et les Progrès de l'hygiène en France.

3745 **Maurin**. — Formulaire magistral pour les maladies des enfants.

3713 **Millet-Robinet** (Mme). — Le Livre des jeunes mères.

2277 **Miotat** (Eugène). — Assainissement des égouts et des habitations.

3912 **Monin** (Dr E.). — L'Alcoolisme.

3725 — Propreté de l'individu et de la maison.

3010 **Napias** et **Martin** — L'Étude et les Progrès de l'hygiène en France.

2584 **Nichtingale** (Miss). — Des soins à donner aux malades.

4050 **Ollivier** (Dr Auguste). — Etudes d'hygiène publique. 3 vol.

2826 **Parrot** (Dr H.). — Leçons élémentaires d'hygiène.

1816 **Paz** (Eugène). — La Gymnastique raisonnée.

1735 **Picqué** (Dr L.). — Notions pratiques d'hygiène populaire.

3917 **Rébouis** (H.-Emile). — Etude historique et critique sur la peste.

2762 **Riant** (Dr A.). — L'Alcool et le Tabac.

2763 — Le Café, le Chocolat et le Thé.

2766 — Hygiène scolaire.

2358 — Leçons d'hygiène.

4161 **Rousselet** (Albin). — Les Secours publics en cas d'accidents.

4155 **Salomon** (Georges). — La Crémation en France (1797-1889).

3475 **Sanson**. — Notions usuelles de médecine vétérinaire.

2812 **Tessereau** (Dr A.). — Cours élémentaire d'hygiène.

3608 **Turck** (L.). — Médecine populaire.

4031 **Vallin** (E.). — Traité des désinfectants et de la désinfection.

1029 **Vergnes**. — Manuel de gymnastique.

2596 **Vogl**. — Les Aliments.

3252 *** — Manuel de l'infirmière ambulancière.

XII

BEAUX-ARTS

4102 **Augé de Lassus** (Lucien). — Le Forum.
1807 — Les Spectacles antiques.
3846 **Bayet**. — Précis d'histoire de l'art.
3971 **Bellaigue** (Camille). — Un Siècle de musique française.
2733 **Berger** (Georges). — L'Ecole française de peinture.
4235 **Bertrand** (A.). — Rude.
3972 **Besneray** (Marie de). — Les Grandes Époques de la peinture.
3531 **Blanc** (Charles). — La Peinture.
4222 — La Sculpture.
2257 **Blaze de Bury** (Henri). — Meyerbeer et son Temps.
3895 **Blondel** (Spire). — L'Art pendant la Révolution.
1896 **Bouchot** (Henri). — Jacques Callot.
2336 **Boutmy** (Emile). — Philosophie de l'architecture en Grèce.
3850 **Burty** (Philippe). — Les Artistes célèbres : Bernard Palissy.
1766 **Castel** (Albert). — Les Tapisseries.
3664 **Cerfbeer de Medelsheim**. — L'Architecture en France.
3894 **Champeaux** (A. de). — Les Monuments de Paris.
4106 **Cherbuliez** (Victor). — L'Art et la Nature.

196 **Proth** (Mario). — Voyage au pays des peintres: Salon de 1875.

197 — Voyage au pays des peintres : Salon de 1877.

198 — Voyage au pays des peintres : Salon de 1878.

4139 **Renan** (Ary). — Le Costume en France.

4135 **Roger-Milès** (L.). — Corot.

3554 **Silvestre** (Théophile). — Les Artistes français.

1231 **Stendahl** (de). — Promenades dans Rome. 2 vol.

3997 **Taine** (H.). — Philosophie de l'art. 2 vol.

4091 — Philosophie de l'art en Grèce.

4092 — Philosophie de l'art dans les Pays-Bas.

1965 **Thierry.** — Le Vignole de poche.

3852 **Vachon** (Marius). — Les Artistes célèbres : Jacques Callot.

1738 **Veron** (Eugène). — L'Esthétique.

205 **Viardot.** — Les Merveilles de la peinture.

204 — Les Merveilles de la sculpture.

3226 **Viollet le Duc.** — Comment on devient dessinateur.

195 — Histoire d'une maison.

199 **Vitet.** — Etudes sur l'histoire de l'art. 4 vol.

3707 **Wauters** (A.). — La Peinture flamande.

2107 **Wilder** (Victor). — Beethoven, sa Vie et son Œuvre.

193 **Wright** (Thomas). — Histoire de la caricature et du grotesque.

3858 **Yriarte** (Charles). — Les Artistes célèbres : Fortuny.

XIII

MUSIQUE

1° MÉTHODES, MORCEAUX D'ÉTUDES ET OUVRAGES DIVERS

4133 **Bazin** (François). — Cours d'harmonie théorique et pratique.

2964 **Beethoven.** — Variations pour le piano.

1740 **Bisson** et **Lajarte** (de). — Grammaire de la musique.

3819 — Petite Encyclopédie musicale. 2 vol.

2999 **Chopin.** — Compositions diverses pour piano.

2967 — Mazurkas pour piano.

2965 — Nocturnes pour piano.

2966 — Pièces de concert (piano seul).

2968 -- Valses pour piano.

2948 **Concone.** — Manuel d'harmonie et de modulation à l'aide du piano.

2951 **Cury** (Ernest). — Méthode de piano.

2950 **Danhauser** (A.). — Théorie de la musique et Questionnaire.

3598 **Haas** (Edmond). — Traité théorique et pratique de construction musicale.

3035 **Halévy** (F.). — Leçons de lecture musicale.

1734 **Hervé** (A.). — Leçons élémentaires de musique instrumentale.

2558 **La Fontaine** (de). — Méthode de musique vocale.

1740 **Lajarte** (de) et **Bisson** (Alexandre). — Grammaire de la musique.

3819 — Petite Encyclopédie musicale. 2 vol.

2947 **Laroche.** — Solfège complet théorique et pratique.

2337 **Laugel** (Auguste). — La Voix, l'Oreille et la Musique.

2742 **Mouzin.** — Les Chants de l'école. 2 vol.

2679 **Quicherat.** — Traité élémentaire de musique.

2949 **Roubier** (Henri). — L'Art de préluder et de moduler dans tous les tons.

2946 **Savard** (A.). — Premières Notions de musique.

887 — Principes de la musique.

3538 **Schmoll** (A.). — Nouvelle Méthode de piano.

3867 — Sonatines progressives.

2970 **Strauss** (Johann). — Danses célèbres pour piano. 3 vol.

2° PARTITIONS D'OPÉRAS ET D'OPÉRAS-COMIQUES

2972 **Adam** (Adolphe). — Le Chalet.

2971 — Giralda.

2974 **Auber.** — Les Diamants de la couronne.

2975 — Le Domino noir.

3734 — Fra Diavolo.

3543 — Haydée.

2973 — La Muette de Portici.

3958 **Beethoven.** — Fidelio.

2952 **Bellini.** — Norma.

2976 **Berlioz** (Hector). — Béatrice et Bénédict.

3732 — Damnation de Faust, légende dramatique (chant et piano).

3733 — Roméo et Juliette, symphonie dramatique (chant et piano).

3738 **Bizet** (Georges). — Carmen.

2977 **Boïeldieu.** — La Dame blanche.

3955 **David** (Félicien). — Lalla-Roukh.

2978 — La Perle du Brésil.

3739 **Delibes** (Léo). — Lakmé.

2979 **Donizetti.** — La Favorite.

3956 — La Fille du régiment.

2980 **Flotow** (de). — Martha.

2981 **Flotow** (de). — L'Ombre.
2953 **Gluck.** — Armide.
2984 **Gounod** (Ch.). — Faust.
2982 — Mireille.
3902 — Philémon et Baucis.
2983 — Roméo et Juliette.
2954 **Grétry** (A.-E.). — Richard Cœur de Lion.
3957 **Halévy** (F.). — L'Éclair.
2985 — La Juive.
2986 **Hérold** (F.). — Le Pré aux Clercs.
2987 — Zampa.
3903 **Lalo.** — Le Roi d'Yys.
3959 **Lecocq** (Charles). — La Fille de Mme Angot.
2988 **Maillart** (A.). — Les Dragons de Villars.
3737 **Massé** (Victor). — Galathée.
2989 — Les Noces de Jeannette.
3909 **Massenet.** — Hérodiade.
4190 — Manon.
4191 — Werther.
2955 **Méhul.** — Joseph.
2969 **Mendelssohn.** — Le Songe d'une nuit d'été.
2990 **Meyerbeer** (G.). — L'Africaine.
2991 — L'Étoile du Nord.
2992 — Les Huguenots.
2993 — Le Pardon de Ploërmel.
2994 — Le Prophète.
2995 — Robert le Diable.
2956 **Monsigny.** — Le Déserteur.
2958 **Mozart.** — Don Juan.
2959 — La Flûte enchantée.
2957 — Les Noces de Figaro.
3905 **Paladilhe.** — Patrie.
3908 **Poise** (Ferdinand). — L'Amour médecin.
3909 — Joli Gilles.
3910 — La Surprise de l'amour.
3690 **Rameau.** -- Les Festes d'Hébé.
4192 **Reyer** (Ernest). — Salammbo.
3906 — Sigurd.
3960 — La Statue.
2960 **Rossini.** — Le Barbier de Séville.
3735 — Le Comte Ory.
3736 — Guillaume Tell.

4193 **Saint-Saëns** (Camille). — Henri VIII.
3961 — Samson et Dalila.
2997 **Thomas** (Ambroise). — Hamlet.
2996 — Mignon.
3907 **Verdi.** — Aïda.
2998 — Le Trouvère.
3740 **Wagner** (Richard). — Lohengrin.
3911 — Le Tannhauser.
2962 **Weber.** — Le Freischütz.
2961 — Oberon.
2963 — Preciosa.

XIV

LANGUES VIVANTES
OUVRAGES ÉCRITS EN LANGUES ÉTRANGÈRES

3785 **Alonso.** — Nouvelle Grammaire espagnole.

1354 **Bacharach** (H.). — Leçons de langue allemande.

2671 **Beck et Bossert.** — Les Mots allemands groupés d'après le sens.

2670 **Beljame et Bossert.** — Les Mots anglais groupés d'après le sens.

1869 **Birmann.** — Exercices de lectures de manuscrits allemands.

1867 — Grammaire allemande.

1868 — Recueil de lectures allemandes.

2671 **Bossert et Beck.** — Les Mots allemands groupés d'après le sens.

2670 **Bossert et Beljame.** — Les Mots anglais groupés d'après le sens.

3795 **Byron** (lord). — Childe-Harold (texte anglais).

1880 **Clifton et Mervoyer.** — Grammaire de la langue anglaise.

4054 **Dorieux-Brotbeck** (Mme). — Mireia (traduction allemande de Mireille).

1357 **Dresch** (J.). — Cours pratique de langue allemande.

645 **Eichhoff**. — Morceaux choisis de classiques allemands. 2 vol.

647 — Morceaux choisis de prose et de classiques allemands.

1875 **Ferrari**. — Grammaire italienne en vingt-cinq leçons.

1877 **Galban** (A.). — Grammaire espagnole-française.

3790 **Gœthe**. — Iphigénie en Tauride (texte allemand).

1879 **Grégoire** (E.). — Grammaire de la langue allemande.

643 **Lévy** — Exercices de conversation allemande. 2 vol.

642 — Lectures allemandes.

3843 **Melzi**. — Manuel de correspondance allemande.

3842 — Manuel de correspondance anglaise.

1880 **Mervoyer** et **Clifton**. — Grammaire de la langue anglaise.

648 **Pey** — Cours gradué de lectures allemandes.

1733 **Sanderson**. — Abrégé de la grammaire anglaise.

1618 **Scherdlin** (E.). — Morceaux choisis d'auteurs allemands (classe de 7e).

1617 — Marceaux choisis d'auteurs allemands (classe de 8e).

3791 **Schiller**. — La Fiancée de Messine (texte allemand).

3792 **Schmitt**. — Abrégé de grammaire allemande.

3793 **Shakespeare**. — Jules César, tragédie (texte anglais).

3794 — Richard III, tragédie (texte anglais).

1872 **Souza** (P. de). — Abrégé de Grammaire portugaise.

3784 **Watson**. — Etudes sur la langue anglaise (versions).

XV

BIBLIOTHÈQUE DE LA JEUNESSE

634 **Andersen.** — Contes.
4038 **Assollant** (A.). — Aventures merveilleuses, mais authentiques, du capitaine Corcoran. 2 vol.
4203   — Montluc le Rouge. 2 vol.
1937 **Aubin.** — Le Fils du forgeron.
1400   — Les Petits Maraudeurs.
2519 **Barr** (Maurice). — Le Trésor de la maison.
2801 **Berquin.** — L'Ami des enfants et des adolescents.
2348 **Biart** (Lucien). — Aventures d'un jeune naturaliste.
2347   — Entre frères et sœurs.
2350 **Brehat** (de). — Aventures d'un petit Parisien.
2607 **Caillard** (Mme). — Robert l'apprenti.
2621 **Carraud** (Mme). — Contes et Historiettes.
2623   — Maurice ou le Travail.
2622   — La Petite Jeanne ou le Devoir.
2486   — Une Servante d'autrefois.
907 **Colomb** (Mme). — Le Bonheur de Françoise.
533   — Contes pour les enfants.
906   — La Fille de Carilès.
532   — Petites Nouvelles.
504   — Le Violoneux de la Sapinière.
2616 **Cuir.** — Les Petits Écoliers.
2569 **Delafaye-Brehier** (Mme). — Alice.
2578   — Les Petits Béarnais. 2 vol.
2398 **Delon.** — Simples Lectures préparant à l'étude de l'histoire.
3743 **Desnoyers** (Louis). — Jean-Paul Choppart.
3021 **Divers.** — Récits de mères et de sœurs.

6.

2628 **Du Bos d'Elbecq** (Mme). — Le Père Fargeau.

3314 **Dumas** (Alexandre). — La Bouillie de la comtesse Berthe.

3288 — Histoire d'un casse-noisettes.

3289 — L'Homme aux contes.

3295 — Le Père Gigogne. 2 vol.

2635 **Dupuis** (Mlle Eudoxie). — Cyprienne et Cyprien.

2634 — Daniel Hureau.

2613 — La Famille de la meunière.

2606 — Toinette et Louison.

2421 **Edgeworth** (Miss). — Contes de l'adolescence.

2411 — Contes de l'enfance.

2800 — Contes familiers.

2775 **Faujat de Paucellier.** — Le Petit Roi.

2369 **Fleuriot** (Mlle). — Plus tard ou le Jeune Chef de famille.

2678 **Gael** (Mme A.). — Le Foyer.

2822 **Gerald** (Louise). — Madeleine.

1275 **Girardin** (Mme Emile de). — Contes d'une vieille fille à ses neveux.

2317 **Girardin** (J.). — Les Braves Gens.

1012 — Le Capitaine Bassinoire.

2920 — La Disparition du grand Krauss.

898 — Fausse Route.

2365 — Les Gens de bonne volonté.

3810 — Histoire d'un Berrichon.

899 — Le Neveu de l'oncle Placide. 3 vol.

2316 — Nous autres.

902 — L'Oncle Placide.

2332 — Petits Contes alsaciens.

3474 — Récits et Menus Propos.

3005 — Le Roman d'un cancre.

2367 — Tom Brown à Oxford. 2 vol.

2418 **Gouraud** (Mme). — L'Enfant du guide.

2419 — Les Enfants de la ferme.

2420 — Les Quatre Pièces d'or.

628 **Grimm frères.** — Contes choisis.

2567 **Guizot** (Mme). — Histoire d'un louis d'or.

2576 — L'Écolier ou Raoul et Victor. 2 vol.

940 **Hawthorne** (Nathaniel). — Le Livre des merveilles. 2 vol.

782 **Laboulaye** (Ed.). — Contes bleus.

1899 **Macé** (Jean). — L'Arithmétique du grand-papa.
  76 — Histoire d'une bouchée de pain.
  77 — Les Serviteurs de l'estomac.
 555 **Malot** (Hector). — Romain Kalbris.
 873 — Sans famille. 2 vol.
3818 **Mark Twain.** — Les Aventures de Tom Sawyer.
2422 **Marmier** (X.). — L'Arbre de Noël.
 821 **Muller** (Eugène). — La Jeunesse des hommes célèbres.
1566 **Perrault.** — Contes.
2615 **Porchat.** — Les Colons du rivage.
2709 — La Sagesse du hameau.
2753 **Pressensé** (Mme de). — Journal de Thérèse.
2392 **Sand** (George). — Le Château de Pic-Tordu (contes d'une grand'mère).
3418 — Le Chêne parlant (contes d'une grand'mère).
 381 **Sandeau** (Jules). — La Roche aux mouettes.
 819 **Stahl.** — Histoire d'une famille hollandaise.
 820 — Les Histoires mon parrain.
 824 — Maroussia.
2353 — Morale familière.
4005 — Les Quatre Peurs de notre général.
 768 **Witt** (Mme de). — Le Cercle de famille.
2585 — Une Famille à la campagne.
 905 — Légendes et Récits pour la jeunesse.
2755 **Wood** (Mme H.). — Le Collège d'Orville.
2792 *** — Maurice le Parisien.
2778 *** — Scènes de l'enfance.

Vu :

Le Maire,

Officier de la Légion d'honneur,

Matь. MOREAU.

Le Secrétaire, chef des bureaux,

Eug. Lefort.

Le Bibliothécaire,

Camille Panariou.

TABLE ALPHABÉTIQUE

PAR NOMS D'AUTEURS

D

Paris. — Imprimerie ouvelle (association ouvrière), 11. rue Cadet. — 1966-93.

CONSEILS AUX LECTEURS

Les précautions suivantes sont recommandées :

Tenir les livres de prêt revêtus d'une couverture ;

Autant que possible, lire en ayant le livre placé sur une table ;

A défaut de table, tenir le volume ouvert dans la main, en évitant de le replier sur lui-même, ce qui le briserait dès la première lecture ;

Ne point marquer au moyen d'un pli, ou d'une corne, la page à laquelle on s'est arrêté ; mais se servir d'un signet ou d'une petite bande de carton ou de papier ;

Ne jamais tourner les pages avec le doigt mouillé ;

Éviter toutes taches, écritures ou annotations sur les livres ; en un mot, les rendre, autant que possible, dans l'état où ils ont été prêtés.

Ces précautions sont prescrites dans l'intérêt de tous ; chacun devra donc mettre tous ses soins à les observer.

AVIS

Une Bibliothèque de lecture sur place est ouverte à la Mairie tous les soirs, de 8 heures à 10 heures, et le dimanche, de 9 heures à 11 heures du matin.

Des Bibliothèques municipales sont installées dans les écoles communales de garçons ci-après :

Rue Fessart, 4. — Prêt gratuit. — Cette Bibliothèque prête à domicile des partitions d'opéras.

Rue de Tanger, 41. — Prêt gratuit.

Ces Bibliothèques sont ouvertes au public tous les soirs, de 8 heures à 10 heures, et le dimanche, de 9 heures à 11 heures du matin.

www.ingramcontent.com/pod-product-compliance
Lightning Source LLC
Chambersburg PA
CBHW070758290326
41931CB00011BA/2064